مدخـــل

إلى المنهجية المتكاملة لإدارة الجودة الشاملة

(وجهة نظر)

الأستاذ الدكتور

عمر وصفي عقيلي

أستاذ إدارة الأعمال في كلية الاقتصاد والعلوم الادارية
بجامعتي حلب والعلوم التطبيقية

دار وائل للنشر

الطبعة الثانية

٢٠٠٩

رقم الايداع لدى دائرة المكتبة الوطنية : (٢٠٠٠/٨/٢٤٢٧)
عقي   عقيلي ، عمر وصفي
مدخل إلى المنهجية المتكاملة لإدارة الجودة الشاملة (وجهة نظر) ، عمر وصفي عقيلي.
- عمان ، دار وائل ٢٠٠٠
(٢٨٦) ص
ر.إ. : (٢٠٠٠/٨/٢٤٢٧)
الواصفات: الجودة / علامات الجودة

* تم إعداد بيانات الفهرسة والتصنيف الأولية من قبل دائرة المكتبة الوطنية

****

رقم التصنيف العشري / ديوي : ٣٣٨,٠٦
(ردمك)   ISBN 9957-11-115-9

* مدخل إلى المنهجية المتكاملة لإدارة الجودة الشاملة
* الأستاذ الدكتور عمر وصفي عقيلي
* الطبعـة الثانية ٢٠٠٩

* جميع الحقوق محفوظة للناشر

دار وائـل للنشر والتوزيع
* الأردن - عمان - شارع الجمعية العلمية الملكية - مبنى الجامعة الاردنية الاستثماري رقم (٢) الطابق الثاني
هـاتف : ٠٠٩٦٢-٦-٥٣٣٨٤١٠ - فاكس : ٠٠٩٦٢-٦-٥٣٣١٦٦١ - ص. ب (١٦١٥ - الجبيهة)
* الأردن - عمـان - وسـط البـلد - مجمـع الفحيص التجـاري- هـاتف: ٠٠٩٦٢-٦-٤٦٢٧٦٢٧
www.darwael.com
E-Mail: Wael@Darwael.Com

الإهـــداء

إلى روح والدي

إلى روح والدتي

اللهم ارحمهما كما ربياني صغيراً

اللهم إجعل الجنة مثواهما

* * * * *

إلى توأم روحي

إلى حبيبة العمر

إلى شريكة حياتي

إلى الانسانة التي كانت بسمة أملي

إلى الانسانة التي كانت سندي وإلهامي

إلى روح الفقيدة الغالية

إلى روح زوجتي العزيزة رحمها الله

المؤلف

الفصل الثاني

الموضوع	الصفحة

****

الفصل الثالث

الفصل الرابع

برنامج مقترح لتخطيط الجودة ومشروع جائزة إدارة الجودة الشاملة

المراجـع

تقديم

في ظل العولمة التي تخللتها ثورة في مجال الاتصالات والمعلوماتية، شاعت مقولة أصبح يعرفها الجميع، ويتداولها رجل الشارع هي: " أن العالم اليوم قد أصبح قرية صغيرة " . نعم لقد أصبح العالم الآن قرية صغيرة، فمن خلال شبكة الانترنت، أصبح بمقدور الانسان أن يعرف وهو في غرفة مكتبه ماذا يدور في العالم على مدار الأربع والعشرين ساعة. فالعولمة ونظام التجارة الدولية الحرة، كسرت الحواجز الجمركية الموجودة بين دول العالم، وأصبحت الأسواق العالمية مفتوحة أمام جميع المنتجين ليروجوا سلعهم. هذه الأوضاع الراهنة اليوم، أوجدت منافسة عالمية شديدة بل عنيفة بين المنتجين للسلع في جميع الدول. ومما زاد من حجم المنافسة العالمية، وجود ظاهرة الكساد التجاري في العديد من دول العالم، بمعنى آخر أصبحت ظاهرة العرض أكبر من الطلب في العديد من الأسواق العالمية والمحلية، فالأسواق اليوم مغرقة بالسلع والخدمات، والمنظمات المنتجة يتنافس كل منها على كسب حصة أكبر من السوق أو الطلب. في ظل هذه الظروف أصبح المستهلك هو سيد الموقف وسيد السوق، والجميع يسعى لإرضائه، طمعاً في زيادة الحصة السوقية التي أصبح يتوقف عليها بقاء وإستمرارية المنظمات.

في ضوء هذه السمات العالمية للتجارة الدولية، والمنافسة الشديدة، والكساد التجاري، والتهافت والتسابق بين المنظمات من أجل إرضاء عملائها، توجهت الأنظار إلى إدارة الجودة الشاملة التي اعتبرتها المنظمات وسيلة فعالة من أجل إحداث تغييرات جذرية في فلسفة وأسلوب العمل فيها لتحقيق أعلى جودة،

واستخدامها كجسر تعبر عليه للوصول إلى رضا عملائها والمحافظة عليهم، فأية خسارة لأي عميل أو زبون، يعني ذلك تأثر مستقبل المنظمة وتعرض بقاءها للخطر.

لقد حققت إدارة الجودة الشاملة على مدى العقدين الماضيين من الزمن، نجاحات باهرة وملفتة للنظر في العديد من الشركات العالمية الأمريكية، واليابانية، والأوروبية، وباتت إدارة الجودة الشاملة في الوقت الحاضر هي حديث الساعة في أوساط الأعمال والجامعات ومراكز البحث العلمي والشركات العالمية على اختلاف أحجامها في كافة أنحاء العالم، حتى الأجهزة الحكومية أيضاً، وقد قام العديد من الكتاب والباحثين بتطوير منهج إدارة الجودة الشاملة، ووضع كل منهم نموذجاً خاصاً به، وكذلك الحال بالنسبة للشركات، التي وضعت هي أيضاً نموذجاً خاصاً بها.

وبالرغم من التوجه إلى إدارة الجودة الشاملة هو السائد في الدول المتقدمة، ووجود المئات من الشركات العالمية التي تطبقها الآن، إلا أننا وللأسف لا نجد لهذا المنهج الاداري وجود يذكر في منظماتنا العربية، فالقلة منها قامت بتطبيقه، فمعظمها متجه ومنكب الآن للحصول على شهادة الأيزو، ويعتبرونها نهاية المطاف. وللأسف أيضاً ما زالت الكتابات في إدارة الجودة الشاملة باللغة العربية قليلة نسبياً، وهذا ما دفع المؤلف للقيام بتأليف هذا العمل كجهد متواضع، يسهم من خلاله في إغناء المكتبة العربية بالمعرفة الإدارية الحديثة، ومساعدة القارىء العربي على تكوين مفهوم شامل ومتكامل عن إدارة الجودة الشاملة.

ويشير المؤلف في هذا التقديم إلى الجهود السابقة التي بذلها الباحثون والمفكرون العرب والأجانب في إرساء قواعد منهجية إدارة الجودة الشاملة، التي اعتمد عليها في إعداد مؤلفه هذا، الذي يعتبر تجميعاً موجزاً للمفاهيم التي قدموها في بحوثهم ومؤلفاتهم، حيث عالج كل منهم موضوع إدارة الجودة الشاملة من وجهة

نظره الخاصة. ويشير المؤلف في هـذا المجـال، إلى أنـه قـد اعتمـد أيضاً في إعـداد مؤلفـه عـلى نمـاذج إدارة الجودة الشاملة المطبقة في بعض الشركات الأمريكية واليابانية، حيث استفاد من الجوانب الايجابية العملية والتطبيقية الموجودة فيها، وأضاف لمفاهيم المفكرين وتجارب الشركات، آراءه الخاصـة حـول منهجيـة إدارة الجودة الشاملة، ليخرج مؤلفه هذا بالصورة التي هو عليها الآن.

ويأمل المؤلف في النهاية أن يكون قد وفق بعون الله ورضاه، في تقديم مادة علمية بسيطة وواضحة للقراء العرب والمنظمات العربية، كاسهام بسيط ومتواضع منه في تحديث المعرفة الادارية في الوطن العربي الحبيب.

والله ولي التوفيق

المؤلف

الفصل الأول

أبعــاد إدارة الجودة الشـاملة

ماهيـة إدارة الجودة الشاملة

في البداية سنقوم باستعراض وشرح معنى الجودة وعناصرها من وجهة نظر وفلسفة إدارة الجودة الشاملة، كقاعدة ننطلق منها إلى تعريف وتوضيح أبعادها.

معنى الجـودة

الجودة بمعناها العام، إنتاج المنظمة لسلعة أو تقديم خدمة بمستوى عالي من الجودة المتميزة، تكون قادرة من خلالها على الوفاء باحتياجات ورغبات عملائها، بالشكل الذي يتفق مع توقعاتهم، وتحقيق الرضا والسعادة لديهم. ويتم ذلك من خلال مقاييس موضوعة سلفاً لانتاج السلعة أو تقديم الخدمة، وإيجاد صفة التميز فيهما.

في ضوء التعريف السابق، فالجودة من وجهة نظر إدارة الجودة الشاملة هي ما يلي:

- معيار للتميز والكمال يجب تحقيقه وقياسه.
- تقديم أفضل ما يمكن لدى المنظمة لعملائها، من أجل إرضائهم وكسب ثقتهم.
- الاهتمام بكل شيء وبالتفاصيل على حد سواء، من أجل الوصول إلى الكمال، فلا مجال للصدفة أو التخمين.

● الجودة ليست إرضاء العملاء فحسب، بل إدخال السعادة إلى نفوسهم.

● الجودة لها علاقة بتوقعات العميل من حيث :

- الدقة والاتقان .

- الأداء المتميز .

- المواصفات المتميزة .

- تقديم السلعة أو الخدمة في الوقت المرغوب من قبله .

- تكلفة مناسبة يتحملها من أجل الحصول على السلعة أو الخدمة .

● الجودة هي مؤشر لعدد من الجوانب أهمها ما يلي :

- خلو السلعة أو الخدمة من العيوب أو الأخطاء .

- تصميم متميز للعمليات .

- رقابة فعالة على كل شيء .

- خلو العمل من التداخل والازدواجية .

- تكلفة قليلة مقارنة بمستوى الجودة المرغوب من العميل .

- تميز في تخطيط وتنظيم واستثمار الوقت .

- إستخدام فعال للموارد البشرية والمادية .

- الهدر والفاقد عند حده الأولى .

- سرعة في الاداء .

- تستطيع المنظمة أن تعرف من خلال الجودة، فيما إذا كانت قد أدت ما عزمت على انتاجه أو تقديمه، وفق ما يريده ويرغبه العميل، وبالتالي فهي معيار لتقييم النجاح في كل شيء.

- إن تحقيق الرضا والسعادة لدى العملاء من خلال جودة السلعة أو الخدمة المقدمة إليهم، يعني أن إدارة الجودة الشاملة قد حققت هدفها المنشود.

مراحل تطور إدارة الجودة الشاملة

ولد مفهوم الجودة وتحسينها في اليابان، وذلك مع بداية العقد الخمسين من القرن العشرين، ثم انتشر بعد ذلك في شمال أمريكا ودول أوروبة الغربية، إلى أن أصبح موضوع العصر، حيث تجسد في نهج إداري حديث أطلق عليه تسمية إدارة الجودة الشاملة، الذي قام بتطوير مفهوم الإدارة القديم، ليتماشى مع التوجهات الحديثة والمعاصرة، التي تؤكد على تحقيق الجودة العالية لكسب رضا العملاء، تأكيداً على أن مسألة الجودة لا تشمل مجالاً معيناً أو أكثر داخل المنظمة بل يشملها جميعها. ومما ساعد على إنتشار هذا النهج الاداري الجديد، خسارة الشركات الأمريكية والأوروبية لجزء من حصصها في الأسواق العالمية والمحلية لصالح الشركات اليابانية، التي ركزت إهتمامها الأول والشديد على مسألة الجودة كجسر تعبر من خلاله للأسواق العالمية والى رضا المستهلك، في حين أن الشركات العالمية الأخرى وخاصة الأمريكية، كانت تولي إهتمامها الأول لمسألة العلاقة بين الانتاجية والتكلفة، على اعتبار أن مسألة السعر هو هاجس المستهلك الأول. وقد ساد هذا الإتجاه حتى عقد السبعينات، حيث تنبهت هذه الشركات للخطر المحدق بها، مما دفعها الى تعديل إستراتيجياتها القديمة واستبدالها باستراتيجية إدارة

الجودة الشاملة، لتوقف زحف المنافسة اليابانية لمنتجاتها. فعلى سبيل المثال، مرت صناعة السيارات الأمريكية بفترة كساد كادت أن تطيح ببعض الشركات الأمريكية من السوق بسبب منافسة صناعة السيارات اليابانية لها، فقد بلغ حجم مبيعات شركتا تويوتا وهوندا في أمريكا في إحدى السنوات ٢٠% من إجمالي مبيعات السيارات فيها، ولم تتحقق هذه النسبة إلا من خلال إثبات هاتين الشركتين مستوى جودة إنتاجهما من السيارات، فمقياس مستوى جودة الشركات اليابانية آنذاك هو مليون (أي عدد الوحدات المعيبة في المليون) في حين كان هذا المقياس في الشركات الأمريكية بالمئة، وهذا دليل على مدى تقدم مستوى جودة المنتجات اليابانية، الذي ساعدها على غزو الأسواق العالمية.

بعد التقديم السابق، سنقوم في الصفحات القليلة القادمة باستعراض المراحل التاريخية التي مر بها تطور مفهوم إدارة الجودة الشاملة، وذلك من خلال تطور مفهوم الجودة والرقابة عليها، حيث مر هذا المفهوم بمراحل تاريخية متلاحقة، إلى أن وصل إلى مفهومها الحديث الذي قامت عليه إدارة الجودة الشاملة موضوع هذا الكتاب، ويوضح الشكل التالي تسلسل هذه المراحل، التي سوف نشرحها بشيء من الايجاز بعد عرض الشكل مباشرة .

شكل رقم (١)

الرقابة على الجودة
(١)
مرحلة ما قبل الثورة الصناعية
الرقابة على الجودة من قبل العامل
(٢)
الثورة الصناعية
الرقابة على الجودة من قبل المشرف المباشر
(٣)
الإدارة العلمية
مفتشون للرقابة
فحص الجودة
(٤)
الرقابة الاحصائية
جهة متخصصة
(٥)
تأكيد الجودة
عدة جهات رقابية
(٦)
إدارة الجودة الاستراتيجية
رقابة شاملة
(٧)
إدارة الجودة الشاملة

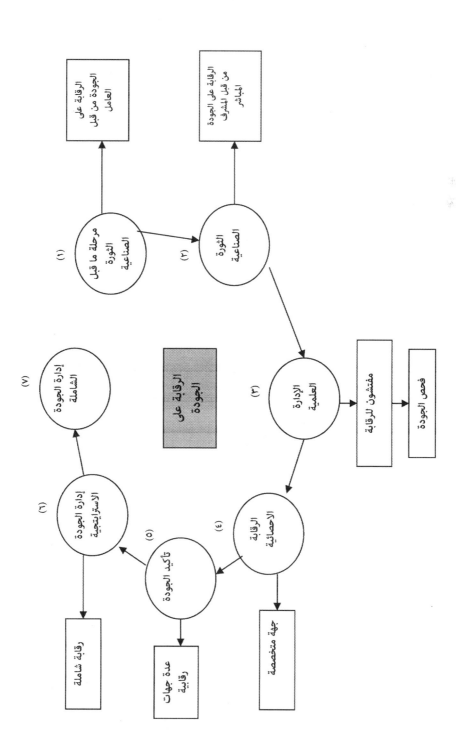

المرحلة الأولـى

ما قبل الثورة الصناعية :

قبل الثورة الصناعية لم يكن هناك مصنع وإنتاج بمعنى الكلمة، فالمصنـع كـان عبـارة عـن ورشـة **Work shop** فيها رب العمل أو صاحب الورشة وعدد من العمال، الذين يقومون بتصنيع سلعة معينـة باسـتخدام أدوات يدوية، وفق معايير جودة بسيطة يحددها الزبون من منطلق وجهة نظره ورغبته، وما على صاحب الورشـة إلا أن يلبي رغبة زبونه. وبالتالي فالعمال يصنعون السلعة المطلوبة وفـق توجيهـات صـاحب العمـل (الاسـطى، المعلـم). وبالنسبة لعملية الرقابة على الجودة، فقد كانت تتم من قبل العامل نفسه ومنفـرداً، مـع تـدقيق نهـائي مـن قبـل صاحب الورشة.

المرحلة الثانيـة

بعد الثورة الصناعية :

أحدثت الثورة الصناعية كما هـو معـروف للجميـع تغيـيرات جذريـة في مجـال الصـناعة يمكـن تلخيصـها بالنقاط التالية :

- ظهور المصنع ليحل محل الورشة، وأصبح له شكلاً أو هيكلاً تنظيمياً.
- كبر عدد العاملين في المصنع (المنظمة).
- كبر حجم الانتاج بسبب إستخدام الآلة.
- إرتفاع مستوى جودة المنتجات نتيجة إستخدام الآلة في العمل.

في هذه المرحلة لم تعد الرقابة على الجودة تتم من قبل العامل نفسه، بل من قبل المشرف المباشر، الـذي كانـت عليه مسؤولية التحقق من الجودة.

المرحلة الثالثة

الادارة العلمية Scientific Management :

ظهرت الادارة العلمية كما هو معروف لدى الجميع في مطلع القرن العشرين بريادة " فريدريك ونسلو تايلور "، وقدمت للعالم الصناعي " دراسات الحركة والزمن Time and Motion Study " وسبل تخفيض تكلفة الانتاج، من خلال الحد من الهدر والضياع في العمل المصنعي الذي كان سائداً آنذاك. في هذه المرحلة ظهر مفهوم يدعى " بفحص الجودة Quality Inspection " الذي سحبت بموجبه مسؤولية فحص جودة المنتج من المشرف المباشر، وأسندت إلى مفتشين مختصين بالعمل الرقابي على الجودة. وعملية التحقق من الجودة كانت تركز على إجراء المطابقة بين معايير محددة بشكل مسبق، مع جودة المنتوج المحققة أو المنجزة، للتأكد من أن مستوى الجودة المطلوب محافظ عليه باستمرار. وكانت الرقابة في هذه المرحلة تهدف إلى تحديد الانحراف أو الخطأ والمسؤول عنه، لتوقيع العقوبة المناسبة بحقه، وهذا ما أسماه الكتاب "بالرقابة البوليسية Police Control ".

المرحلة الرابعة

الرقابة الاحصائية على الجودة Statistical Control :

ظهرت الرقابة الاحصائية على الجودة مع ظهور أسلوب الانتاج الكبير Mass Production عام ١٩٣١، الذي صاحبه آنذاك مفهوم تنميط وتوحيد الانتاج،

كوسيلة للاقلال من أخطاء تصنيع السلعة، حيث يمكن بوساطته تسهيل عملية الرقابة على الجودة والاقلال من الجهود المبذولة في مجالها، ذلك لأن المنتج ذو مواصفات قياسية نمطية موحدة. هذه النمطية مكنت من استخدام الأساليب والأدوات الاحصائية في مجال الرقابة، وكان أشهرها نظرية الاحتمالات باستخدام أسلوب العينات الاحصائية **Sampling Techniques** في مجال فحص الجودة. فقد صمم كل من **Harold Dodge** و **Harry Roming** أسلوباً إحصائياً لفحص عينات من الانتاج بدلاً من فحصه كله، حيث في ضوء نتائج هذا الفحص يمكن قبوله أو رفضه. هذا الاسلوب لم يعد مقبولاً في عقد الثمانينات الذي اشتدت فيه المنافسة، والسبب في ذلك، هو أن هذا الاسلوب لا يتصف بطابع الدقة، ففحص العينة لا يعتبر مؤشراً دقيقاً على مستوى جودة الانتاج كله، وهذا يعني وجود إحتمالية وصول وحدات من الانتاج إلى السوق وفيها أخطاء، الأمر الذي يؤثر سلباً في سمعة المنظمة في السوق وفي رضا عملائها.

ويعد إدوارد ديمنج **Edwards Deming** رائد الجودة الأمريكية أبرز من استخدم وطبق الرقابة الاحصائية على الجودة، حيث اعتمد على جمع معلومات وفيرة عن مستوى الجودة، من خلال الرقابة على عملية الانتاج أثناء تنفيذها، ثم قام بتحليلها باستخدام الأساليب الاحصائية، من أجل الوقوف على مستوى الجودة المتحقق. وقد نقل ديمنج أفكاره عن الرقابة الاحصائية على الجودة إلى اليابان بعد الحرب العالمية الثانية، ولاقى الترحيب هناك والتشجيع من قبل إمبراطورها، حيث قام بتطويرها، وأسس منهجاً متكاملاً عنها، إستطاعت اليابان بعد ذلك غزو أسواق العالم بسلعها ذات الجودة المتميزة.

المرحلة الخامسة

تأكيد الجودة Quality Assurance :

بدأ التفكير بمفهوم تأكيد الجودة عام ١٩٥٦، ثم طور بعد ذلك ليأخذ أبعاده كاسلوب فعال في مجال الرقابة على الجودة، إعتمدت عليه إدارة الجودة الشاملة فيما بعد. ويقوم مفهوم تأكيد الجودة على فلسفة مفادها ما يلي:

إن الوصول إلى مستوى عالي من الجودة وتحقيق إنتاج بدون أخطاء **Zero Defect**، يتطلب رقابة شاملة على كافة العمليات، وذلك من مرحلة تصميم المنتج حتى مرحلة وصوله للسوق ليد المستهلك، وهذا يعني وجود جهود مشتركة من قبل جميع الادارات المعنية بتنفيذ هذه المراحل، فالكل يشترك بشكل متعاون في وضع السبل الكفيلة لمنع الأخطاء في أية مرحلة أو عملية، فالجودة عبارة عن بناء يشترك في تشييده جميع المعنيين به، فهو جهد مشترك تتقاطع وتتكامل فيه جميع الجهود المشتركة بشكل متناسق بالإعتماد على الإتصال المستمر.

وتحقيقاً لشعار الانتاج بدون أخطاء، يتبنى تأكيد الجودة إستخدام ثلاثة أنواع من الرقابة هي:

١ : الرقابة الوقائية .

وتعني متابعة تنفيذ العمل أولاً بأول، لاكتشاف الخطأ قبل وقوعه، والعمل على منع حدوثه.

٢ : الرقابة المرحلية .

وتعني فحص المنتج بعد إنتهاء كل مرحلة تصنيع للتأكد من مستوى الجودة، بحيث لا ينتقل المنتج تحت الصنع من مرحلة لأخرى، إلا بعد فحصه

والتأكد من جودته، وهذا يساعد على اكتشاف الأخطاء عند وقوعها ومعالجتها فوراً.

٣ : الرقابة البعدية .

وتعني التأكد من جودة المنتج بعد الانتهاء من تصنيعه وقبل انتقاله ليد المستهلك، وذلك ضماناً لخلوه من أي خطأ أو عيب.

يتضح مما تقدم أن هذه الأنواع الثلاثة من الرقابة، تتكامل مع بعضها من أجل الوصول إلى إنتاج بدون أخطاء. ويمكن القول أن تأكيد الجودة أصبح أحد الاستراتيجيات الأساسية التي تقوم عليها إدارة الجودة الشاملة، فالانتاج بدون أخطاء يعني إنتاج عالي الجودة، وهو بمثابة الجسر الذي تعبر المنظمة من خلاله إلى تحقيق الرضا لدى العملاء، وقد تبنت هذه الاستراتيجية العديد من الشركات العالمية الكبيرة الحجم. فعلى سبيل المثال إستخدمته شركة **Martin** الأمريكية لصناعة الصواريخ للجيش الأمريكي، حيث اعتمدت على وضع برنامج طموح لإنتاج صواريخ قادرة على تحقيق أهدافها بدون أخطاء.

المرحلة السادسة

إدارة الجودة الاستراتيجية Stratigic Quality Management :

ويرمز لها بـ **(SQM)** . ظهر هذا المفهوم عن الجودة ما بين عامي ١٩٧٠ و١٩٨٠ وكان ذلك بسبب دخول التجارة العالمية في حالة منافسة بين الشركات لكسب حصص أكبر من السوق، وخاصة من قبل الشركات اليابانية التي غزت أسواق العالم بمنتجاتها ذات الجودة المتميزة والأسعار المعقولة. ولعل شركة **(IBM)** الأمريكية هي أولى الشركات الأمريكية التي تبنت إدارة الجودة

الاستراتيجية للوقوف أمام هذا الزحف الياباني، حيث رسمت إستراتيجية الجودة لديها ضمن المحاور الرئيسية التالية:

- إرضاء الزبون وتلبية ما يريده ويتوقعه، فتحديد الجودة يكون من قبل الزبون تحت شعار نادت به هـو **Market Driven Quality** .
- الجودة مسؤولية الجميع مـن قمـة الهـرم التنظيمـي حتـى قاعدتـه، فـالجودة عمليـة متكاملـة لا يمكـن تجزأتها، فمن غير المقبول أن تُحقق الجودة في مجالات دون أخرى.
- المطلوب تحقيق الجودة في كل شيء: الأنظمة، الثقافة التنظيمية، الهيكل التنظيمـي، أساليب وإجـراءات العمل.. الخ.

ومن الشركات العالمية التي تبنت إدارة الجودة الاستراتيجية شركة "جولد ستار" و" سامسونج " بعد عام ١٩٨٠. فقبل هذا العام كانت استراتيجية هاتين الشركتين تقوم على أساس الانتاج الكبير بمستوى جـودة عادي، لغزو أسواق البلدان الفقيرة والنامية، وقد ساعدها على ذلك مستوى الأجور المنخفض لـديها آنـذاك. ومع تزايد شدة المنافسة والتوجه إلى إدارة الجودة الاسـتراتيجية وتفعيـل أسـلوب تأكيـد الجـودة كأسـلوب رقابي لتحقيق الجودة العالية، شعرت هاتان الشركتان أنهما في خطر، فلجأتا الى تغيير إستراتيجيتهما وتحولتا إلى استراتيجية تحسين الجودة على المدى الطويل (إدارة الجودة الاستراتيجية)، وذلك بإحداث مراكز بحـوث من أجل تطوير منتجاتهما، ورصدتا مبالغ كبيرة في ميزانيتهما لأجل هذا الغرض. فقد أيقنتا بأن المسـتهلك لم يعد يغريه السعر المنخفض فقط، بل راح يبحث عن الجودة، فقد حدثت قناعة لديه مفادهـا: " مـا فائـدة شراء سلعة رخيصة لا تعمر، أو أعطالها كثيرة وصيانتها مستمرة تفـوق تكلفتهـا فـرق السـعر بينهـا وبـين السلعة ذات الجودة العالية". وفي التسعينات كما هو معروف غيرت جولـد سـتار شـعارها الى **(LG)** لينسى- المستهلكون سلع جولد ستار القديمة ذات الجودة العادية، وإحداث إنطباع جديد لديهم

بأن سلعها الجديدة دخلت عهداً جديداً في مجال تطوير وتحسين الجودة في ظل إدارة الجودة الاستراتيجية والجودة الشاملة، اللتان تركزان على أن الجودة وإرضاء المستهلك هما الاساس الذي تقوم عليه استراتيجيات الشركات العالمية في الوقت الحاضر.

المرحلة السابعة

إدارة الجودة الشاملة Total Quality Management :

ويرمز لها بـ (TQM). ظهر هذا المفهوم عن الجودة بعد عام ١٩٨٠ وما زال مستمراً حتى عام ٢٠٠٠، وسبب ظهوره هو تزايد شدة المنافسة العالمية، واكتساح الصناعة اليابانية للأسواق وخاصة البلدان النامية، وخسارة الشركات الأمريكية والأوروبية لحصص كبيرة من هذه الأسواق. إزاء هذا الوضع قامت الشركات الأمريكية بتطوير وتوسيع مفهوم إدارة الجودة الاستراتيجية، باضافة جوانب أكثر شمولاً وعمقاً، واستخدمت أساليب متطورة في مجال تحسين الجودة والتعامل مع الزبائن والموردين، وتفعيل أساليب تأكيد الجودة ليصبح أسلوباً رقابياً إستراتيجياً على الجودة. يتضح لنا أن إدارة الجودة الشاملة ما هي في الواقع إلا تطوير لادارة الجودة الاستراتيجية، كوسيلة دفاعية إستخدمتها الشركات الأمريكية والأوروبية لصد غزو الصناعة اليابانية لأسواقها، حيث نهجت الشركات اليابانية هي أيضاً نهجاً متطوراً في مجال تحسين الجودة أسماه رائد الجودة الياباني "إيشيكاوا" بالرقابة الشاملة على الجودة Total Quality Control أو (TQC).

يلاحظ في ضوء ما تقدم أن إدارة الجودة الشاملة هي امتداد لادارة الجودة الاستراتيجية، حتى أن بعض الباحثين والمؤلفين يستخدمانهما بشكل مترادف، لكن

للدقـة يجـب التمييـز بينهما، ذلـك لأن ادارة الجـودة الشـاملة أكـثر عمقـاً وشـمولية مـن إدارة الجـودة الاستراتيجية.

وللإنصاف نقول ما يلي:

لقد اعتمد الأمريكيون في تطوير إدارة الجودة الاستراتيجية لتصبح إدارة الجودة الشـاملة بأبعادهـا الحاليـة على أفكار اليابانيين، وللانصاف أيضا نقول بأن تأسيس حركة تحسـين الجـودة في اليابـان، يرجـع للأمريكيـان بعد الحرب العالمية الثانية من قبل: "إدوارد ديمنج"، و"جوزيف جوران" اللذان سنأتي عـلى شرح أفكارهما في فصل لاحق من هذا الكتاب.

تكلفة الجـودة

من الأهمية بمكان عندما تود منظمة ما التعامل مع مسألة الجودة وتحسينها، أن تأخذ في حسـبانها التكلفة المصاحبة لهذه المسألة، التي صنفها رواد الجودة ضمن ثلاثة عناصر هي ما يلي:

تكاليف الإخفاق

ويرمز لها بمصطلح Failure Costs وتشتمل عـلى تكـاليف أخطـاء الانتـاج الموجـودة سـواء في أجـزاء المنتج تحت التصنيع، أو المنتج كله بعد الانتهاء من تصنيعه (أو الأخطاء الموجـودة في تقـديم الخدمـة)، فاسـتبعاد أجزاء المنتج التي يوجد فيها عيوب، أو إعادة تصنيع السلعة من جديد من أجل تحسين الجودة، له تكلفة بلا

شك تتمثل في خسارة الوقت، والمواد الأولية، واستهلاك الآلات والتجهيزات، وجهد بشري..الخ

تكاليف القياس

ويرمز لها بمصطلح Appraisal Costs وتشتمل على تكاليف التفتيش Inspection والفحص أو الاختبار Testing ، ونفقات أخرى تنفق في سبيل وصول السلعة أو الخدمة الى الزبون بدون عيوب مثل: الأجور، والوقت، وآلات الفحص، والمخابر..الخ

تكاليف الوقاية

ويرمز لها بمصطلح Prevention Costs وتشتمل على التكاليف التي تنفق في سبيل كشف الأخطاء قبل حدوثها (منع الأخطاء من الحدوث) مثل: نفقات أنظمة تخطيط الرقابة، والتدريب، ومراجعة وتدقيق تصميم السلعة بشكل مستمر للقضاء على إحتمالية حدوث أخطاء في العمل المصنعي..الخ.

ونود الاشارة إلى أن تكلفة الجودة هي إستثمار له عائد، يتمثل بالحصول على رضا وسعادة الزبون وكسب ولائه، وجذب زبائن جدد وحصة أكبر من السوق. وبوجه عام يمكن القول بأن تكلفة الجودة قليلة مقارنة بالتكلفة التي تنشأ في حالة وصول السلعة (أو الخدمة) الى الزبون وفيها أخطاء، حيث ستؤدي الى تكاليف باهظة تتمثل بما يلي:

- عدم رضا الزبون.

- خسارة الزبون.

- نشر معلومات سلبية لدى الغير عن المنظمة.

- فقدان جزء من حصة السوق.

- أرباح أقل.

تعريف إدارة الجودة الشاملة

فلسفة إدارية حديثة، تأخذ شكل نهج أو نظام إداري شامل، قائم على أساس إحداث تغييرات إيجابية جذرية لكل شيء داخل المنظمة، بحيث تشمل هذه التغيرات: الفكر، السلوك، القيم، المعتقدات التنظيمية، المفاهيم الإدارية، نمط القيادة الإدارية، نظم وإجراءات العمل والأداء ..الخ، وذلك من أجل تحسين وتطوير كل مكونات المنظمة، للوصول إلى أعلى جودة في مخرجاتها (سلع أو خدمات) وبأقل تكلفة، بهدف تحقيق أعلى درجة من الرضا لدى زبائنها، عن طريق إشباع حاجاتهم ورغباتهم، وفق ما يتوقعونه، بل وتخطي هذا التوقع، تماشياً مع إستراتيجية تدرك أن رضا الزبون وهدف المنظمة هما هدف واحد، وبقاء المنظمة ونجاحها واستمراريتها يعتمد على هذا الرضا، وكذلك على رضا كل من يتعامل معها من غير الزبائن كالموردين وغيرهم.

ويقوم هذا النهج الجديد الشامل من أجل تحقيق غايته، على قاعدة تدعى " العمل الصحيح بدون أخطاء من المرة الأولى "، وهذا يستوجب إستخدام مجموعة من المفاهيم الحديثة، وتبني عدد من المبادىء الادارية الجديدة، تحت مظلة الجهود المتضافرة لجميع العاملين رؤساء ومرؤوسين، لترسيخ العمل الجماعي التعاوني المنسق، وتفجير الطاقات، والامكانات والقدرات الموجودة، واستغلالها أحسن

إستغلال، لتحقيق الجودة العالية، وتحسينها بشكل دائم ومستمر، مما يعود بالنفع على المنظمة وعلى من يعمل فيها، وعلى المجتمع الذي تعيش في كنفه، لتحصل في النهاية على رضاه.

يتضح مما تقدم، أنه يجب النظر إلى إدارة الجودة الشاملة على أنها نهج متكامل لخدمة العميل أو الزبون، فهي ليست مجرد إدارة متخصصة تسعى إلى تحقيق الجودة في مجال معين أو أكثر داخل المنظمة، بل عملية متكاملة تشمل جميع الأنشطة والوظائف والأنظمة..الخ على شكل سلسلة، بحيث أي خلل في أي حلقة منها يعتبر نقطة ضعف تؤثر في الجودة الكلية، ذلك لأن حلقات السلسلة مترابطة، هذا الترابط بلا شك يحتاج إلى تنسيق عالي المستوى، يقوم بتحقيقه مجلس أو لجنة عليا داخل المنظمة.

التحدي الذي يواجه إدارة الجودة الشاملة

التحدي الأساسي الذي يواجه المنظمات عند تطبيقها لمنهجية إدارة الجودة الشاملة، هو إحداث التكيف والتوازن بين متغيرين أساسيين: **الأول** هو توفير الإستقرار في الانتاج (أو الخدمة) الذي يساعدها على تخطيط إنتاجها ومستلزماته بشكل جيد وبدرجة عالية من الدقة. **والثاني** هو إدخال تغييرات على العمليات

داخل المنظمة عامة، والانتاج بشكل خاص، لمواجهة وتلبية حاجات ورغبات العملاء التي تتغير بين الحين والآخر، مما يسبب عدم إستقرار الانتاج.

نلاحظ مما تقدم بأن هذين المتغيرين متنافرين، وتزداد إدارة المنظمة وقيادتها نجاحاً، كلما تمكنت من تحقيق التوازن بينهما، هذا التوازن يمثل تحدياً أساسياً على المنظمات مواجهته شاءت أم أبت، لأن ظروف المنافسة التي تشهدها الأسواق العالمية والمحلية هي التي فرضته.

إطار الجودة الشاملة

في ضوء التعريف السابق لمصطلح إدارة الجودة الشاملة، يمكننا الآن تحديد وشرح هذا الإطار بأبعاده بما يلي:

البعد الإداري

ويقصد به كافة المديرين في كافة المستويات الإدارية، الذين يمارسون العملية الإدارية Management Process بمكوناتها الأربعة: التخطيط، التنظيم، التوجيه، الرقابة والتنسيق ضمناً، وذلك وفق ما تتطلبه منهجية إدارة الجودة الشاملة، مستخدمين مجموعة من الأنظمة المختلفة الجديدة، لتسيير العمل في كافة المجالات بشكل متميز، بهدف تحقيق أعلى جودة وبشكل مستمر، في ظل إستراتيجية عامة تسعى إليها المنظمة، غايتها الأساسية تحقيق الرضا والسعادة لدى الزبون.

بُعد الجودة

تحدد أبعاد الجودة بما يلي:

١ : الأداء **Performance** : يشير هذا البعد إلى الصفات العامة أو الرئيسية التي تتميز بها السلعة أو الخدمة مثل: سعة أسطوانات المحرك في السيارة، وقوة الدفع أمامي أم خلفي، الطول، العرض..الخ.

٢ : النواحي الخاصة **Special Features** : يشير هذا البعد الى المميزات الإضافية التي تتميز بها السلعة أو الخدمة، مثل الكماليات التي تضاف للسيارة كمكيف هواء، وسادة هوائية من أجل إمتصاص الصدمات، علبة إسعافات أولية.. الخ.

٣ : المطابقة **Conformance** : يشير هذا البعد إلى مدى مطابقة مواصفات السلعة أو الخدمة وجودتها عامة لتوقعات العميل، بمعنى آخر مدى قدرة مواصفات وجودة السلعة أو الخدمة على تلبية حاجات ورغبات الزبون وفق ما كان يتوقعه.

٤ : الثبات أو المصداقية **Reliability** : يشير هذا البعد إلى مدى ثبات مستوى أداء وجودة السلعة أو تقديم الخدمة مع مرور الزمن.

٥ : الديمومة **Durability** : يشير هذا البعد إلى طول فترة حصول الزبون على المنفعة من السلعة، وهذا ما يسمى بالعمر الانتاجي للسلعة.

٦ : خدمة ما بعد البيع **Service After Sale** : يشير هذا البعد إلى مستوى الجودة والسرعة في التعامل مع شكاوى العملاء وتذمرهم، بعد الحصول على السلعة أو الخدمة من قبلهم.

٧ : الجودة الجزئية **Partial Quality** : يشير هذا البعد إلى مستوى تحقيق التميز في مواصفات السلعة (أو الخدمة) وجودتها من خلال نظام الجودة المعمول به.

٨ : الجودة الكلية **Total Quality** : يشير هذا البعد إلى تميز السلعة أو الخدمة في تلبية كافة مطالب الزبون وتوقعاته مثل: حسن المعاملة، السعر، الوفرة، الاستجابة الفورية للشكاوى، الخدمات الاضافية، تقديم السلعة في الوقت المطلوب ..الخ. وتجدر الاشارة إلى أن الجودة الكلية تشمل الجودة الجزئية.

بُعد الشمول

ويتكون من بعدين رئيسيين هما:

١ : التميز في كل شيء داخل المنظمة وهذا يشتمل على ما يلي:
- ثقافة المنظمة وفلسفتها.

- القيادة.

- العنصر البشري أداءه، سلوكه، تفكيره.

- العمليات بكافة أنواعها.

- الأنظمة.

- السياسات.

- الاجراءات.

- الهيكل التنظيمي.

- العلاقات مع الآخرين، الموردين، والمجتمع عامة.

٢ : التميز بشكل خاص في جهود كل من يعمل في المنظمة رؤساء ومرؤوسين، من أجل تلبية حاجات ورغبات العملاء وتحقيق توقعاتهم بل تجاوزها، وتجاوز ما يقدمه المنافسون لزبائنهم.

بُعد رضا العميل

تنظر إدارة الجودة الشاملة إلى مسألة رضا العميل Customer Satisfaction من زاوية مفهوم " قيمة المستهلك أو العميل Customer Value "، حيث تربط مستوى رضاه بمتغيرين إثنين هما :

١ : المنفعة التي حصل عليها من وراء إستخدامه للسلعة التي اشتراها، أو الخدمة التي حصل عليها.

٢ : مقدار التضحيات التي قدمها من أجل الحصول على المنفعة.

وفيما يلي معادلة توضح ما تقدم:

(قيمة المستهلك = المنفعة - التضحيات)

(CUSTOMER VALUE = BENEFITS - SACRIFICES)

ويقصد بالمنفعة: مدى الاشباع المادي والمعنوي الذي حققته السلعة أو الخدمة لدى العميل، ومدى توافقها مع توقعاته. فالمنفعة لها علاقة بمستوى أداء السلعة، وسهولة إستخدامها، وطول عمرها، وقلة أعطالها، وقلة نفقات صيانتها، وسهولة الحصول عليها..الخ.

أما التضحيات فيقصد بها: التكلفة المالية التي دفعها العميل للحصول على السلعة أو الخدمة، والزمن الذي استغرقه من أجل الحصول عليها، والجهد الذي بذله في سبيل ذلك.

والسؤال الذي يطرح نفسه الآن هو: متى يحدث الرضا لدى العميل من خلال المعادلة السابقة؟

الاجابة هي ما يلي: عندما تكون القيمة التي حصل عليها العميل عالية، فالمفروض في هذه الحالة أن تكون المنفعة > من التضحيات، وبالتالي كلما كانت المنفعة اكبر من التضحيات، زادت القيمة وزاد رضا العميل وفق ما يلي:

منفعة > التضحيات = قيمة المستهلك أكبر ← رضا العميل

والعكس من ذلك صحيح.

نستنتج من ذلك أنه كلما زادت القيمة، أحدث ذلك القناعة لدى العميل بأن التضحية التي قدمها قد حصل على ما يقابلها من قيمة أو عائد، الذي يمثل صافي المنفعة (المنفعة الكلية - التضحيات).

بناء عليه يمكن القول أن الاتجاه التقليدي لمفهوم رضا العميل الذي يربط رضاه بالسعر الذي يدفعه لقاء حصوله على السلعة أو الخدمة وفق المعادلة التالية:

(قيمة المستهلك = السعر   CUSTOMER VALUE = PRICE)

لم يعد يتوافق مع توجهات إدارة الجودة الشاملة، فالسعر لوحده ليس هو الاساس في تحقيق الرضا لدى العميل، فما فائدة حصوله على سلعة أو خدمة رخيصة لا تحقق لديه الاشباع أو المنفعة التي يريدها، فالسعر المنخفض مع قيمة قليلة سيحدث لديه عدم الرضا، مما يدفعه إلى البحث عن سلعة أو خدمة أخرى ولو بسعر أعلى لكنها تحقق لديه الاشباع والمنفعة التي يتوقعها. فالمنظمة التي تعتمد على السعر فقط في سبيل تحقيق الرضا لدى العملاء، ستجد نفسها تدريجياً تخسر زبائنها وحصتها في السوق، وهذا ما يهدد بقاءها واستمراريتها، في حين أن القيمة العالية (وفق الاتجاه الحديث الذي أوضحناه) سوف تحدث لدى العميل الولاء للمنظمة، وسوف تمكنها

من إستقطاب عملاء جدد، مما يوسع من حصتها في السوق ويساعدها على البقاء والاستمرار.

بناء على ما تقدم تسعى إدارة الجودة الشاملة من خلال إستراتيجيتها، أن توجه المنظمة ومن يعمل فيها إلى زيادة القيمة التي يحصل عليها العميل لأقصى حد ممكن، من أجل تحقيق أكبر رضا ممكن لديه، وفي هذه الحالة عليها أن تقدم له سلعة أو خدمة وفق المواصفات التالية:

● أعلى جودة.

● أقل تكلفة.

● خدمات إضافية كالصيانة.

● سهولة الحصول على السلعة أو الخدمة.

● سهولة الاستخدام.

● حسن المعاملة.

● العمر الانتاجي الطويل.

● الثقة.

● إعجاب الآخرين.

ونود الاشارة في الختام، إلى أن معادلة قيمة المستهلك ليست ثابتة أو مطلقة Absolute Value ، بل تتغير من حين لآخر، بسبب تغير قناعات وآراء العملاء ومطالبهم، لذلك على المنظمة أن تتابع هذا التغير، لتعرف كيف تتعامل معه بشكل دائم، وتحافظ على إستمرارية رضا عملائها.

بُعد الرضا الشامل

يقصد بالرضا الشامل، تحقيق إتجاهات إيجابية لدى جميع الفئات التي تتعامل مع المنظمة وهي:

- الزبائن . **Customers**
- الموردون . **Suppliers**
- الملاك . **Stakeholders**
- العاملون . **Employees**
- المجتمع بوجه عام. **Society**

أهداف إدارة الجودة الشاملة

لا أحد يستطيع أن يصمد في وجه المنافسة، إلا من يسعى إلى إرضاء العميل وتحقيق متطلباته ورغباته بدرجة عالية، وتخطيها، وبشكل مستمر ودائم.

إن تحقيق المقولة الآنفة الذكر والتي تعبر عن هدف إدارة الجودة الشاملة بشكل عام، لا يكون في الواقع إلا من خلال إستراتيجية متكاملة، تضع نصب عينيها هدفاً أساسياً هو تحقيق مستوى جودة عالي، في سبيل تحقيق رضا وسعادة عاليا المستوى لدى العملاء، لضمان البقاء والاستمرار والتطور. ويمكن توضيح هذه الاستراتيجية الهادفة من خلال الشكل التالي:

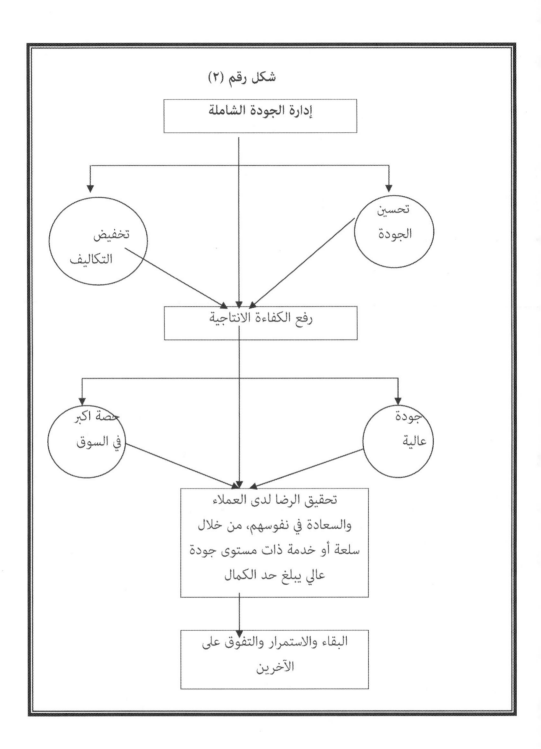

شكل رقم (٢)

إدارة الجودة الشاملة

تخفيض التكاليف

تحسين الجودة

رفع الكفاءة الانتاجية

حصة اكبر في السوق

جودة عالية

تحقيق الرضا لدى العملاء والسعادة في نفوسهم، من خلال سلعة أو خدمة ذات مستوى جودة عالي يبلغ حد الكمال

البقاء والاستمرار والتفوق على الآخرين

في ضوء الشكل السابق، وفي مسعى لتحقيق مضمونه، نجد أن إدارة الجودة الشاملة تسعى إلى ما يلي:

- فهم حاجات ورغبات العميل (المستهلك، الجمهور) لتحقيق ما يريده.

- توفير السلعة أو الخدمة وفق متطلبات العميل من حيث:

  الجودة - التكلفة - الوقت - الاستمرارية

- التكيف مع المتغيرات التقنية، والاقتصادية، والاجتماعية، بما يخدم تحقيق الجودة المطلوبة.

- توقع إحتياجات ورغبات العميل في المستقبل وجعل ذلك عملاً مستمراً.

- جذب المزيد من العملاء والمحافظة على العملاء الحاليين.

- التميز في الأداء والخدمة عن طريق التطوير والتحسين المستمرين للمنتج أو الخدمة، وجعل الكفاءة الانتاجية بشكل عام عالية في ظل تخفيض التكلفة الى أدنى حد ممكن، لكن ليس على حساب الجودة بل من خلال ترشيد الانفاق.

يتضح لنا مما سبق، أن هدف إدارة الجودة الشاملة الاساسي هو إرضاء الزبون بأي شكل، من خلال تلبية متطلباته وحاجاته وتوقعاته وتحقيقها، وجعل هذا الأمر هو الهاجس الرئيسي لكل من يعمل في المنظمة، فمن يتأخر عن ذلك، سيجد المنافسين قد سبقوه وسلبوه حصته من السوق، وخاصة أن العالم مع بداية عام (٢٠٠٠) يعيش فترة منافسة شديدة، فالبقاء للأقوى، والأقوى هو الذي يكون قادراً على إشباع وتلبية حاجات عملائه وتحقيق الرضا والسعادة لديهم أكثر من منافسيه، من خلال ما يقدمه لهم من جودة عالية سواء في السلع أو الخدمات.

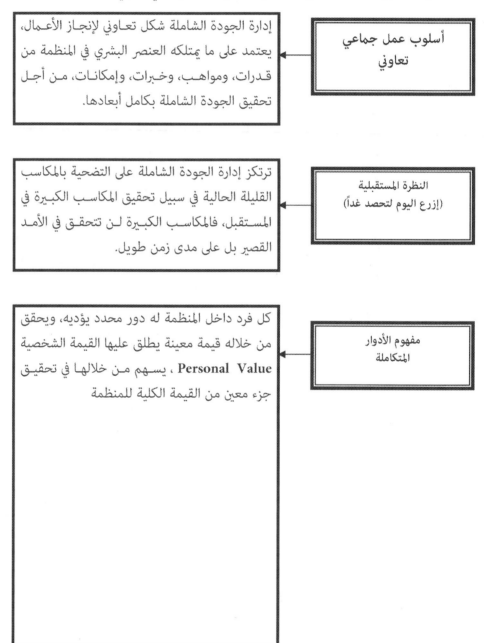

مضامين إدارة الجودة الشاملة

تشتمل إدارة الجودة الشاملة على عدد من المضامين الأساسية هي ما يلي:

| أسلوب عمل جماعي تعاوني |
| إدارة الجودة الشاملة شكل تعاوني لإنجاز الأعمال، يعتمد على ما يمتلكه العنصر البشري في المنظمة من قدرات، ومواهب، وخبرات، وإمكانات، من أجل تحقيق الجودة الشاملة بكامل أبعادها. |

| النظرة المستقبلية (إزرع اليوم لتحصد غداً) |
| ترتكز إدارة الجودة الشاملة على التضحية بالمكاسب القليلة الحالية في سبيل تحقيق المكاسب الكبيرة في المستقبل، فالمكاسب الكبيرة لن تتحقق في الأمد القصير بل على مدى زمن طويل. |

| مفهوم الأدوار المتكاملة |
| كل فرد داخل المنظمة له دور محدد يؤديه، ويحقق من خلاله قيمة معينة يطلق عليها القيمة الشخصية Personal Value ، يسهم من خلالها في تحقيق جزء معين من القيمة الكلية للمنظمة |

التي تدعى بـ **Organization Value**، التي تتمثل بـالمنتج أو الخدمـة أو المخرجـات **Outputs** التـي تحققهـا المنظمـة خـلال فـترة زمنيـة، وبنـاء عليـه فالقيمـة الكليـة هـي عبـارة عـن مجمـوع القـيم الشخصية لجميع العاملين التي حققوهـا مـن خـلال الأدوار المسندة اليهم التـي قـاموا بأدائهـا. مـن هـذا المنطلق فجميع الأدوار تتعـاون وتتكـاتف وتتكامـل مع بعضها من أجـل تحقيـق أعـلى قيمـة كليـة مـن حيث الكم والجودة، وبالتالي فأي إخفـاق في أي دور ضمن العمل الجماعي، ستتأثر به القيمة الكلية.

رحلة طويلة وليست محطة وصول

إدارة الجودة الشاملة هي رحلة طويلة الأجل، بمعنى آخر هي رحلة إستراتيجية، تقوم المنظمة من خلالها باختراق المستقبل والتكيف معه في ظل المنافسة الشديدة، وذلك من أجل توطيد نفسها في السوق، بوساطة تحقيق مستوى جودة عالي لإرضاء العملاء أو الزبائن، وبالتالي فادارة الجودة الشاملة لها صفة الديمومة والاستمرارية، فهي ليست ببرنامج وقتي ينفذ لمرة أو مرتين وانتهى الأمر على ذلك، بل هي رحلة ليس لها نهاية.

النهج الشمولي	ترتكز إدارة الجودة الشاملة على جودة الأداء في جميع المجالات، وبالتالي فهي تسعى إلى تحقيق الجودة في كافة مكونات المنظمة: إستراتيجياتها، أهدافها، أسلوب العمل، التحفيز، النظم والإجراءات، القناعات القديمة، السياسات، الهيكل التنظيمي..الخ. وتخطىء بعض المنظمات عندما تحسن جودة منتجاتها فقط دون تحسين كلي وجذري وشامل لكل مكوناتها، فهذا التوجه يحقق منفعة في الوقت القريب، لكن ستعود الأمور الى ما كانت عليه بعد فترة، لذلك لابد من إحداث تغيير جذري وشامل لكل مكونات المنظمة بهدف تحسينها.
تحقيق الجودة الشاملة مسؤولية جماعية	تقع مسؤولية تحقيق الجودة الشاملة وإرضاء العملاء على جميع من يعمل في المنظمة، فهذا الرضا هو المسعى الأول والأخير لهم.
تحسين الجودة هو تحسين للربحية	تشير النظرة التقليدية إلى أن تحسين الجودة سيزيد من التكاليف، هذا الأمر صحيح للوهلة الأولى أو للأمد القصير، لكن في الأمد الطويل سيحدث العكس، فتحسين الجودة وبشكل مستمر من خلال إدارة الجودة الشاملة، يعني زيادة رضا المستهلك وتحقيق توقعاته، وهذا يجعله يقدم على إقتناء سلع وخدمات المنظمة، ويساعد في الوقت نفسه على

جذب عملاء جدد، مما يوسع من حصة المنظمة في السوق مستقبلاً ويحسن من ربحيتها.

أداء العمل الصحيح من أول مرة وبدون أخطاء

تسعى إدارة الجودة الشاملة إلى تحقيق أعلى درجة من الجودة، من خلال جعل عدد الأخطاء في العمل عند أدنى حد، مما يسهم في جعل التكلفة عند أدنى مستوى لها، ويجعل الزبون في حالة رضا. ويقاس مستوى الجودة باستخدام معيار يدعى بالسيجما (**SIGMA**) وهو معيار يستخدم لحساب عدد الوحدات المعيبة في كل مليون وحدة منتجة.

التكلفة الكلية الشاملة وليس تكلفة تصنيع السلعة أو تقديم الخدمة فقط

ترتكز إدارة الجودة الشاملة على مفهوم التكلفة الكلية الشاملة التي تشتمل على:

- تكلفة المنتوج وفق المعايير المحددة.
- تكلفة عمليات التقييم.
- تكلفة الاخفاق (الأخطاء).
- تكلفة خسارة حصة من السوق.
- تكلفة الفرص الضائعة التي لم تستغل.
- تكلفة سوء السمعة خارجياً.
- تكلفة التخزين للمواد والسلع المنتهية الصنع.

هرم إدارة الجـودة الشاملة

يتضح لنا من خلال ما تقدم، أن منهجيـة إدارة الجـودة الشـاملة في المنظمـة، يجـب أن تبنـى في مسـعى لتحقيق حد الكمال في مستوى جودة سلعها أو خدماتها، من أجل تحقيق التفوق عـلى الآخـرين. إن تحقيـق هـذا المستوى من كمال الجودة، لا يمكن للمنظمة أن تبلغه بدفعـة أو بضربـة واحـدة لتحقيـق الرضـا العـالي المسـتوى والسعادة لدى عملائها، إنما عليها أن تحققه على دفعات أو على مسـتويات متدرجـة هرميـة، وفـق مـا قدمـه لنـا المفكر **"نورباكي كانو Norbaki Kano"** على غرار هرم ماسلو لتدرج الحاجـات الانسـانية. فقـد أوضـح "كـانو" أن هذا الهرم يتكون من ثلاث درجات أو مستويات هرميـة، والمـنظمات التـي تريـد تطبيـق منهجيـة صـحيحة لإدارة الجودة الشاملة، عليها أن تحقق المستوى (الدرجة) الأول من الجودة وتوطد نفسها جيـدا فيـه، ومـن ثـم تنطلـق لتحقيق المستوى الثاني فالثالث، لتصل الى حد الكمال في جودة سلعها أو خدماتها التي تقدمها لعملائها. وفيما يلي شكل توضيحي لهذه المستويات أو الدرجات الهرمية للجودة الشاملة كما وضعها " كانو ".

شكل رقم (٣)

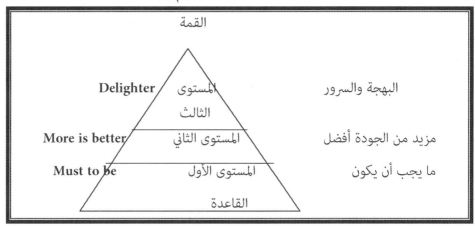

المستوى الأول يمثل هذا المستوى أو الدرجة من الجودة الحد الأدنى من المزايا التي يجب أن تتوفر في السلعة أو الخدمة، التي يتوقع العميل الحصول عليها بعد شرائه للسلعة أو إقتنائه للخدمة، وعادة ما تكون هذه المزايا معروفة له مسبقاً ومتأكد من الحصول عليها. فالزبون الذي يدخل مطعماً معيناً يعرفه، يتوقع أن يحصل على لحم طازج، ومائدة وصحون وملاعق..الخ نظيفة، فاذا لم يقدم المطعم له هذه الجوانب من جودة الخدمة، سوف يستاء ويشعر بعدم الرضا.

المستوى الثاني يشتمل هذا المستوى على مزايا المستوى الأول لكن بمستوى جودة أعلى ومزايا إضافية مثل: نظافة متميزة، مذاق اللحم والمأكولات متميز، تنوع كبير في الأصناف، مكان هادىء ومريح، موسيقى خفيفة. هذه المزايا الاضافية من جودة الخدمة، تحقق درجة رضا أعلى لدى الزبون من المستوى الأول.

المستوى الثالث يشتمل هذا المستوى على جوانب من الجودة لم يكن العميل يتوقع الحصول عليها، فهي لا تحدث الرضا العالي لديه فحسب، بل تدخل البهجة والسرور الى نفسه، ذلك لأنها فاقت توقعاته، وتجعله يرضى تماما عن السلعة أو الخدمة، ويتحقق لديه الولاء للمنظمة، ومثال عليها إيصال الزبون باحدى سيارات المطعم مجاناً للمكان الذي يقصده إذا لم يكن متوفر لديه سيارة، أو تقديم هدايا عينية للزبائن.

من خلال الهرم السابق نرى أن على المنظمة أن تتدرج في تقديم مستوى الجودة لعملائها، فالقفزة السريعة دون هذا التدرج قد يكون مغامرة، إذ يحتاج

الأمر إلى إمكانات وتخطيط مسبق، أضف إلى ذلك أن التدرج يعتبر بمثابة التحدي والحافز للمنظمة لتصل إلى حد الكمال في مستوى الجودة مستقبلاً، فهو يساعدها على توفير مستلزمات ومتطلبات كل مستوى والعمل على تحقيقه، ويكون بمثابة القاعدة لتحقيق المستوى التالي وهكذا، مما يُمكن المنظمة من تلبية إحتياجات كل مستوى بشكل ملائم ومناسب ومدروس.

أساسيات إدارة الجودة الشاملة

تقوم منهجية إدارة الجودة الشاملة على عدد من المرتكزات يمكن أن نسميها بالأساسيات التي سنوضحها فيما يلي:

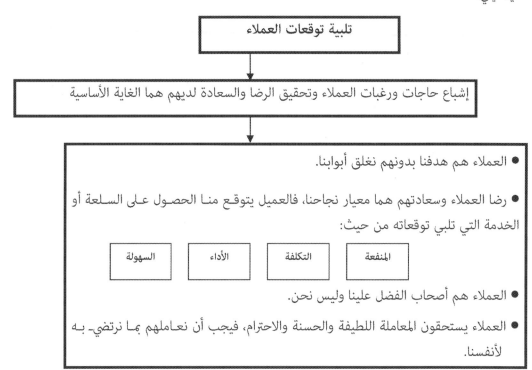

تلبية توقعات العملاء

إشباع حاجات ورغبات العملاء وتحقيق الرضا والسعادة لديهم هما الغاية الأساسية

- العملاء هم هدفنا بدونهم نغلق أبوابنا.

- رضا العملاء وسعادتهم هما معيار نجاحنا، فالعميل يتوقع منا الحصول على السلعة أو الخدمة التي تلبي توقعاته من حيث:

السهولة	الأداء	التكلفة	المنفعة

- العملاء هم أصحاب الفضل علينا وليس نحن.

- العملاء يستحقون المعاملة اللطيفة والحسنة والاحترام، فيجب أن نعاملهم بما نرتضيـ بـه لأنفسنا.

سلسلة الجودة الداخلية أو المرحلية

تنظر إدارة الجودة الشاملة للعلاقة القائمة بين الادارات والأقسام الادارية التي يشتمل عليها الهيكل التنظيمي للمنظمة والأفراد العاملون فيها، على أنها علاقة مستهلك ومورد، فالجهة التي تنفذ المرحلة الواحدة (التي إما أن تكون وحدة إدارية أو فرداً) هي مستهلكة لما أنتجته المرحلة السابقة، وفي الوقت نفسه منتجة أو موردة (ممولة) لما سوف تستخدمه المرحلة التالية. من هذا المنطلق نجد أن مفهوم المستهلك والممول الداخلي، يعتمد على علاقات تكاملية بين مراحل تنفيذ العمليات والتي يطلق عليها مصطلح **Internal Customer-Internal Supplier Relation Ship**، هذه العلاقات يؤثر مستوى جودة كل مرحلة بمستوى أداء وجودة المرحلة التالية، مع الاشارة إلى أن المستهلك والممول الداخلي يمكن أن يكونا في نفس الوحدة الإدارية أو في وحدة إدارية أخرى داخل المنظمة. يتضح من ذلك أن الوحدة الإدارية أو الفرد هما منتج (ممول) وفي الوقت نفسه زبون (مستهلك)،

فكل وحدة إدارية أو فرد يتوقعان أن يمولا بمنتج عالي الجودة ليسهل من عملهما، ويقدمان للآخرين منتجاً بجودة عالية ليسهل عملهم (هذا يسمى بالجودة المرحلية)، وصولاً الى تحقيق الجودة الكلية، التي هي تعبير عن تضافر جهود جميع العاملين في المنظمة رؤساء ومرؤوسين، ولتوضيح ذلك نورد المثال التالي: إدارة الانتاج مثلاً هي مستهلك لما تشتريه إدارة المواد (المشتريات) من مستلزمات إنتاجية متنوعة، فعلى الادارة الثانية أن توفر للأولى مستلزمات الانتاج بالجودة والمواصفات المطلوبة، وكذلك بالكمية المناسبة، ضمن الوقت المحدد، وبأدنى تكلفة ممكنة، من أجل تحقيق الرضا لدى إدارة الانتاج، التي ستقوم بتصنيع المنتوج

بأعلى كفاءة وجودة. كذلك الحال بالنسبة لعلاقة إدارة الانتاج بالتسويق، فالأولى عليها إنتاج السلعة أو تقديم الخدمة بأعلى كفاءة وجودة، لتحقق الرضا لدى التسويق، بحيث يمكن له أن يقدم المنتوج للمستهلك حسب ما يريده ويتوقعه، وبالتالي تحقيق الرضا والسعادة لديه.

ونجد الأمر نفسه على مستوى الأفراد عند تنفيذهم لاجراءات العمل، فالفرد الذي يؤدي الخطوة الأولى من الاجراء، واجب عليه أن يؤديها على أكمل وجه بدون أخطاء، كي يحقق الرضا لدى الفرد الثاني الذي سينفذ الخطوة التالية، حيث يسهل عليه تنفيذ الخطوة المسؤول عنها، وهكذا تستمر السلسلة حتى الخطوة الأخيرة التي نتاجها النهائي، عمل بدون أخطاء، ومن ثم إرضاء للعميل أو الزبون الخارجي External Customer ، نخلص مما تقدم إلى نتيجة مفادها: أن رضا الزبون الخارجي قائم على مفهوم سلسلة رضا الزبون الداخلي.

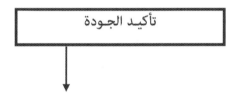

تأكيـد الجـودة

من أجل تحقيق وضمان الجودة الشاملة في العمل داخل المنظمة وعلى كافة الأصعدة والمستويات، يحتاج الأمر إلى تبني أسلوب المتابعة والرقابـة المتزامنـة لجميع مراحل تنفيذ العمل، إلى جانب إستخدام الرقابة والتقييم بعد إنجاز كل مرحلة، وأيضاً الرقابة والتقييم النهائي بعد الانتهاء من إنجاز العمل. فالرقابة المرحلية والبعدية لوحدهما لا تكفيان لضمان الجـودة الشاملة، إذ يتطلب الأمـر ممارسة الرقابـة المتزامنة للعمل (مراقبة العمل أثناء تنفيذه خطوة خطوة)، من أجل إكتشاف الخطأ قبـل وقوعـه، تطبيقاً لشعار إدارة الجودة الشاملة: " الأداء السليم من أول مرة ".

يتضح من ذلك أن تحقيق العمل الصحيح من أول مرة، يحتاج إلى بحث مستمر عن المشكلات، والعمل الفوري على حلها بشكل جذري، وهذا يعني الابتعاد عن المفهوم التقليدي الذي يفيد: تجنب المشكلة، أو تأجيلها، أو وضع حلول وقتية لها، فلا مجال لهذا الاتجاه لدى إدارة الجودة الشاملة، لأنه لا يخدم تحقيق الجودة العالية التي ترضي العملاء.

العنصر البشري هو الأساس

العنصر البشري هو ثروة وأغلى ما تملكه المنظمة، فهو الوسيلة الأولى لتحقيق الجودة والتميز، فعن طريقه يتحقق الرضا والسعادة لدى العملاء، لذلك يجب معاملته كشريك وليس كأجير، واحترامه وتقديره، وتنمية الشعور العائلي لديه، فإشعاره بأنه يعيش ضمن أسرة واحدة تجمعها مصلحة مشتركة، عامل أساسي في نجاح جهود إدارة الجودة الشاملة.

فادارة الجودة الشاملة تنظر الى العنصر البشري في المنظمة على أنه أهم عناصر المنهجية الجديدة، فهو الذي سيتولى عملية القيادة والتنفيذ لهذه المنهجية المسماة بادارة الجودة الشاملة، لذلك يجب التركيز على الأمور التالية، التي تشكل في مجموعها عملية متكاملة تسهم إسهاماً فعالاً في تحقيق الجودة الشاملة:

اختيار العنصر البشري وفق مواصفات ومعايير محددة بشكل مسبق، تخدم أغراض إدارة الجودة الشاملة.

تعيين الفرد المناسب في العمل الذي يتناسب مع قدراته ومؤهلاته وخبراته وميوله، على أساس أن معادلة الاداء الجيد هي: المقدرة × الرغبة.

تأهيل وتدريب العنصر البشري على تطبيق المنهجية الجديدة.

تبني سياسة حوافز سليمة قائمة على التحفيز المادي والمعنوي بآن واحد، تحقيقاً لغاية هامة جداً وهي: زرع الولاء والانتماء لدى العنصر البشري، وجعله متقبلاً لكل شيء جديد في أدنى حد من المقاومة.

تبني النهج الجماعي في العمل وتعزيز روح التعاون والفريق.

وهنا لابد من التركيز على الدور الهام الذي تقوم به إدارة الموارد البشرية، باعتبارها الجهة المعنية والمتخصصة بشؤون العاملين، فهي التي تشرف على جميع الأمور السابقة الذكر، لذلك يجب تقديم كل الدعم لها وتزويدها بالامكانات المادية والفنية التي تمكنها من أداء مهمتها على أكمل وجه، فوجود إدارة موارد بشرية متطورة، يعني النجاح في وضع الخطط الكفيلة لزرع الولاء والانتماء في نفوس العاملين نحو المنظمة، كما يعني وجود موارد بشرية مدربة ومؤهلة قادرة على تطبيق منهجية الجودة الشاملة.

النظام الكلي المتكامل والمفتوح

النظرة الشمولية

تنظر إدارة الجودة الشاملة إلى المنظمة على أنها نظام كلي واحد متكامل مكون من أنظمة فرعية (الادارات الرئيسية وما تشتمل عليه من تقسيمات) يعمل جميعها بشكل متكامل، متعاون، ومنسق لتحقيق الهدف الكلي للمنظمة، فالمصلحة العامة فوق أي اعتبار، والنظرة الجزئية والمصلحة الفردية لا مكان لهما في ظل إدارة الجودة الشاملة، وبالتالي يمكن القول أن مفهوم النظام الكلي المتكامل، يعمل على ترسيخ النظرة الشمولية لدى كل من يعمل في المنظمة، فالنجاح الجزئي على حساب نجاح آخر لا يعتبر نجاحاً، لأن النجاح من وجهة نظر إدارة الجودة الشاملة هو نجاح الكل، أي نجاح المنظمة في تحقيق أهدافها، وفيما يلي شكل يوضح هذا المفهوم:

شكل رقم (٤)

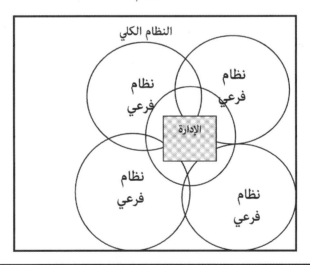

وتتبنى إدارة الجودة الشاملة الى جانب مفهوم النظام الكلي المتكامل، مفهوماً آخر مكملاً له هو: " المنظمة نظام مفتوح بشكل واسع على البيئة Wide Open System " حيث تتأثر بمتغيراتها المتنوعة الاقتصادية، والسكانية، والاجتماعية، والقوانين، وعلى رأس هذه المتغيرات العملاء، فالاستمرار في تقديم الخدمة المتميزة لهم لا تكفي لوحدها للمحافظة على رضاهم، إذ لابد من التكيف مع التغير الذي يحدث في حاجاتهم، ومطالبهم، وقناعاتهم التي هي الأخرى تتأثر بمتغيرات البيئة المحيطة بها. ونضرب المثال التالي الذي حدث مع شركة كنتاكي لنوضح هذه الناحية: تعد شركة كنتاكي من أفضل الشركات في العالم من حيث جودة وجبات الدجاج المقلي التي تقدمها لعملائها الذين لديهم القناعة بذلك. لكن مع تزايد الوعي الصحي لدى هؤلاء العملاء، فقد تبين لهم بأن الدجاج المقلي بجلده يضر بصحتهم الأمر الذي دفعهم إلى الإقلاع عن شرائه حماية لصحتهم، مما أدى إلى إنخفاض رقم مبيعات هذه الشركة من الدجاج في أمريكا، على الرغم من قناعتهم بأن دجاج كنتاكي هو الأفضل. فما العمل في مثل هذه الحالة؟ الحل هو أن قامت شركة كنتاكي بالتكيف مع هذا التغير، عن طريق تقديم دجاج مقلي مسلوخ الجلد للزبائن للمحافظة عليهم.

يتضح إذن: أن فكرة النظام المفتوح يفرض على المنظمة ضرورة التكيف مع البيئة، فالتكيف مسألة جوهرية في منهجية إدارة الجودة الشاملة، فقد بات من الضروري رصد المنظمة لاتجاهات المتغيرات البيئية، ودراسة تأثيرها في المنظمة، ومن ثم العمل على التكيف معها، مع الاشارة إلى أن عملية التكيف يجب أن تكون مستمرة.

التخطيط الاستراتيجي المتكامل

↓

تنهج إدارة الجودة الشاملة إستراتيجية مواجهة المستقبل والتصدي له بفاعلية والحد من مفاجآته، فلا مجال للصدفة لديها، فكل شيء يجب أن يدرس ويخطط له باحكام، من خلال تخطيط إستراتيجي متكامل يشتمل على: تخطيط طويل الأجل، ومتوسط، وقصير.

↓

يلعب التخطيط بكافة أمديته القصيرة والمتوسطة والطويلة الأجل، دوراً بارزاً في تطبيق ونجاح منهجية إدارة الجودة الشاملة، فهو دعامة أساسية في هذه المنهجية ومعين لها في التصدي للمستقبل وما يكتنفه من غموض ومفاجآت. فالتخطيط الاستراتيجي في أمديته المتكاملة، لا يترك شيئاً للتخمين، فكل أمر سواء أكان صغيراً أم كبيراً، خاضع للدراسة والتخطيط، فادارة الجودة الشاملة تقوم على مبدأ ألا يترك شيء للصدفة أو الحظ، فلا مجال للأمزجة الشخصية، فعقولنا هي التي يجب أن تتحكم بأعمالنا وتصرفاتنا، وهي التي تمكننا من مواجهة الأحداث والظروف والتكيف والتعايش معها، فعلى المنظمة أن تتحكم بهذه الظروف ولا تسمح لها بأن تتحكم بها. إن إدارة الجودة الشاملة رحلة طويلة الأجل، تحتاج الى تخطيط إستراتيجي متكامل محكم وبدرجة عالية من الدقة فيه، ولعل الأسئلة الارشادية التالية تساعد كبداية في عملية التخطيط الاستراتيجي:

- ماذا كان عليه وضع المنظمة في السابق.
- ما هو وضع المنظمة الحالي أو الراهن.
- ما الذي تريد المنظمة تحقيقه من وراء تطبيق إدارة الجودة الشاملة.
- كيف ستحقق المنظمة ما تريده؟
- ما هو المسار الذي ستسير عليه المنظمة من أجل تحقيق ما تريده؟

```
┌─────────────────────────────────┐
│        إدارة الجودة الشاملة        │
│       وفلسفة الإدارة بالأهداف       │
└─────────────────────────────────┘
                 │
                 ▼
```

لا تتناسب الرقابة اللصيقة وسلسلة الأمر الرئاسية مع منهجية إدارة الجودة الشاملة، ذلك لأنها تقضي على روح المبادرة والحرية والمرونة في العمل، فالنموذج العسكري نفذ ثم اعترض (نظرية X) لم يعد ينفع، فالمطلوب هو تبني نهج نظرية (Y)، التي تؤكد على ضرورة وضع الأهداف والخطط بالمشاركة، ثم توفير المعلومات الكافية للتنفيذ، وتفويض سلطة التصرف والبت في الأمور، من أجل توفير قدر كبير من الحرية والمرونة والسرعة في أداء الأعمال، مما يشجع معه على الرقابة الذاتية لدى العاملين في المنظمة. فالرقابة المباشرة اللصيقة تشكل ضغطاً عليهم، والروتين العقيم وكثرة القواعد، تكبل العاملين بقيود تحد من حريتهم، فاحلال هذه القواعد مكان قدرة الفرد على التصرف والتقدير والمحاكمة العقلية، يقتل العمل الخلاق والمبدع، ويحد من تطور المهارات والقدرات الشخصية على صعيد المديرين أو المرؤوسين في الخط التنفيذي الأول. لذلك توجه إدارة الجودة الشاملة الأنظار في المنظمة إلى تبني سلسلة الأهداف التي يقوم عليها أسلوب الادارة بالأهداف، حيث يوجد هدف إستراتيجي كلي للمنظمة وهو "إرضاء الزبون"، الذي بناء عليه تقوم الإدارة العليا بوضع أهدافها. وفي ضوء هذه الأهداف تقوم الادارة التنفيذية الوسطى بوضع أهدافها بما يساعد على خدمة وتحقيق أهداف الادارة العليا، بعد ذلك يأتي دور الادارة المباشرة (المستوى الاشرافي الأول) ليضع أهدافه في خدمة أهداف المستوى الأوسط، وهكذا تستمر السلسلة حتى نصل إلى قاعدة الهرم التنظيمي. وعليه يمكن القول أن هذه السلسلة من الأهداف تنبع من مصدر واحد هو الهدف الكلي (إرضاء العملاء) وتتصف بأنها مترابطة متكاملة.

مقارنة بين الإدارة التقليدية وإدارة الجودة الشاملة

بعد أن توضحت الرؤية حول مفهوم إدارة الجودة الشاملة كنهج اداري حديث، يمكننا الآن إجراء مقارنة بينها وبين الادارة التقليدية للمنظمات التي عهدناها في السابق، والجدول التالي يوضح لنا الفروقات بين الادارة التقليدية، والادارة المعاصرة إدارة الجودة الشاملة.

مجالات المقارنة

جدول رقم (١)

مجال المقارنة	الادارة التقليدية	إدارة الجودة الشاملة (الادارة المعاصرة)
• الهدف الكلي .	تعظيم العائد على الاستثمار.	تحقيق الرضا والسعادة لدى العملاء.
• الهيكل التنظيمي .	عمودي	افقي
• التخطيط .	تركيز على المدى القصير .	تكامل وتوازن بين المدى القصير والطويل .
• أسلوب العمل .	فردي	جماعي، تعاوني (فرق عمل) .
• المسؤولية .	شخصية، جزئية	جماعية، شاملة
• القيادة الادارية .	سلطوية وإصدار أوامر	ديمقراطية قائمة على المشاركة .
• السلطة .	مركزية	لا مركزية وتأكيد على تفويض السلطة .
• التحفيز .	مادي (الفرد رجل اقتصادي).	مادي ومعنوي بآن واحد .
• السياسات والإجراءات.	جامدة	مرنة

● الربح .	من خلال كمية الانتاج .	من خلال الجودة العالية وإرضاء الزبون .
● هدف الرقابة .	كشف الأخطاء ومحاسبة المسؤول من خلال الاشراف اللصيق .	كشف الأخطاء لتحديد الأسباب ووصف العلاج وتنمية الرقابة الذاتية .
● التخصص .	ضيق وفردي	واسع من خلال فرق العمل
● حل المشاكل .	فردي	جماعي
● متطلبات العمل .	لا تتسم بالوضوح التام	محددة، واضحة، مفهومة
● أسلوب الرقابة .	بعدية	متزامنة ومرحلية وبعدية بآن واحد.
● علاقات العمل .	الشك	الثقة العالية بين الرؤساء والمرؤوسين .
● هدف الانتاج .	التكلفة وكمية الانتاج بالدرجة الأولى	الجودة العالية
● التطوير والتحسين .	عند الحاجة والضرورة	مستمر
● محور العمل الإداري .	التنسيق	التنسيق والتكامل
● اهتمام الأفراد .	الأمان والاستقرار الوظيفي	النمو والتطور
● توجيه الأفراد .	لحب العمل	لزرع الولاء والانتماء للمنظمة
● تنمية الأفراد .	التدريب عند الحاجة	التدريب والتنمية المستمرين + تنمية ذاتية .
● مسؤولية الجودة .	محصورة في جهة معينة	مسؤولية الجميع
● الزبون .	خارجي فقط	داخلي (سلسلة الجودة) وخارجي .
● الموردون .	خصوم	خير معين
● شراء المستلزمات .	الشراء بأقل سعر هو الهدف .	الشراء بما يخدم الجودة
● اللوائح والأنظمة .	تمسك والتزام حرفي وتام بها.	مرونة في تطبيق اللوائح والانظمة
● علاقات السلطة .	الفصل بين السلطة التنفيذية والاستشارية .	الجمع بين السلطتين في فريق واحد.

التناقضات التي تتعامل معها إدارة الجودة الشاملة

في ضوء المقارنة السابقة، يمكننا أن نخرج بنتيجة هامة مفادها ما يلي: إن منهجية إدارة الجودة الشاملة تتعامل مع مجموعة من المتناقضات التي تشكل محور عملها داخل المنظمة، هذه المتناقضات يحتاج التعامل معها إلى معرفة وخبرة، وكذلك وعي وإدراك تام بالمعطيات التي تلعب في تشكيلها، من أجل التوصل إلى حل هذه التناقضات التي نوضحها في الجدول التالي:

جدول رقم (٢)

المتغير الأول	التناقض	المتغير الثاني
الجودة	مقابل	التكلفة
الخدمة المتميزة	مقابل	التكلفة
إرضاء العميل	مقابل	التكلفة
السلطة الرسمية	مقابل	السلطة والعلاقات غير الرسمية
الرقابة والضبط	مقابل	الحرية والمرونة في العمل
التخطيط الاستراتيجي	مقابل	تغيرات بيئية سريعة
الاتصال الرسمي	مقابل	الاتصال غير الرسمي
المصلحة الخاصة	مقابل	المصلحة العامة
النزعة الفردية	مقابل	العمل الجماعي والمصلحة العامة

فوائد إدارة الجودة الشاملة

هناك عدد من الفوائد يمكن للمنظمة أن تحققها من وراء تطبيق منهجية متكاملة لادارة الجودة الشاملة نعرض أهمها فيما يلي:

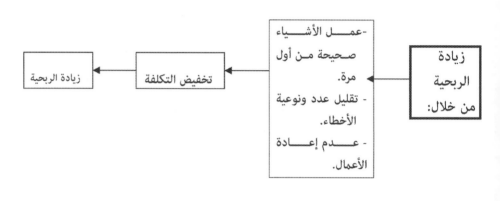

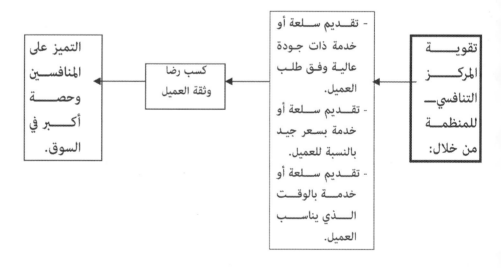

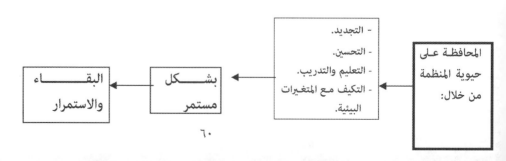

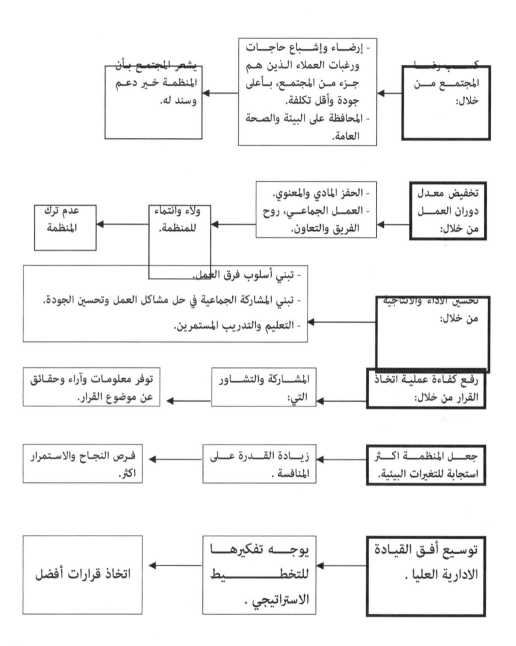

كسب رضا المجتمع من خلال: ← - إرضاء وإشباع حاجات ورغبات العملاء الذين هم جزء من المجتمع، بأعلى جودة وأقل تكلفة. - المحافظة على البيئة والصحة العامة. ← يشعر المجتمع بأن المنظمة خير دعم وسند له.

تخفيض معدل دوران العمل من خلال: ← - الحفز المادي والمعنوي. - العمل الجماعي، روح الفريق والتعاون. ← ولاء وانتماء للمنظمة. ← عدم ترك المنظمة

تحسين الأداء والانتاجية من خلال: ← - تبني أسلوب فرق العمل. - تبني المشاركة الجماعية في حل مشاكل العمل وتحسين الجودة. - التعليم والتدريب المستمرين.

رفع كفاءة عملية اتخاذ القرار من خلال: ← المشاركة والتشاور التي: ← توفر معلومات وآراء وحقائق عن موضوع القرار.

جعل المنظمة اكثر استجابة للتغيرات البيئية. ← زيادة القدرة على المنافسة . ← فرص النجاح والاستمرار اكثر.

توسيع أفق القيادة الادارية العليا . ← يوجه تفكيرها للتخطيط الاستراتيجي . ← اتخاذ قرارات أفضل

الفرق بين إدارة الجودة الشاملة ونظام الجودة العالمي

9000 (ISO)

لقد حدث خلط لدى بعضهم بين مفهوم إدارة الجودة الشاملة، ومقياس الجودة العالمية الأيزو (9000)، فقد اعتقدوا أنهما يعنيان الشيء نفسه، بل رحنا نسمع بعض الأحيان من يتحدث عـن الأيزو وكأنـه يقصد إدارة الجودة الشاملة، لذلك سنعمد في الصفحات القليلة القادمة إلى عـرض سريع لمفهـوم الأيزو، لنوضـح مـن خلالـه الفرق بينه وبين مفهوم إدارة الجودة الشاملة كنهج إداري حديث.

الأيـزو (ISO) 9000 كمصطلح هـو إختصـار لـ International Standardization Organization ويعبر عن مسمى "المنظمة العالمية للمعايرة"، هذه المنظمة قامـت بوضع مقاييس (معايير) عالمية لنظام إدارة الجودة في أية منظمة سواء أكانت إنتاجية أم خدمية، إذ لم يعد كافياً ضمان جودة المنتوج فحسب، بـل يتطلب الأمر ضمان نظام جـودة كامـل في المنظمة وإستمراريته، وفق المواصفات المطلوبـة مـن قبـل هـذه المنظمة. فالمواصفات القياسية الدولية أيزو (9000)، جاءت لتوحد ما يجب أن يكون عليه نظام إدارة الجودة عالمياً وفي أية منظمة كانت. وتشتمل مواصفات الجودة العالمية ISO (9000) التي وضعتها المنظمـة الدوليـة للمعـايرة، علـى سلسلة من المعايير على شكل شهادات لكل منها رقم خـاص بهـا هـي: 9001 , 9002 , 9003 ، وذلـك مـن أجـل تطبيق وتحقيق نظام إدارة الجودة في ثلاثة أنواع من الشركات، بحيث توضح كل شهادة معايير تطبيق نظام إدارة الجودة في نوع معين واحد من الأنواع الثلاثة من هذه الشركات، وقامت باصدار دليل مرشد لتطبيق نظام الجودة في الأنواع الثلاثة وأعطته رقم ISO 9004

ونعرض في الصفحات القادمة أبعاد الأيزو **9000** وسلسلتها من معايير تطبيق نظام إدارة الجودة.

أبعـاد الأيزو ISO

في ضوء ما تقدم يمكن القول: بأن الأيزو هي نظام للرقابة الكلية على الجودة، يشتمل على معايير محددة للجودة في كل نشاط من أنشطة المنظمة يجب الالتزام بها، من أجل تحقيق مسـتوى أداء وجـودة عاليـان، وهـذه المعايير عالمية موضوعة من قبل المنظمة الدولية للتوحيد القياسي أو للمعايرة. وبالتالي فأيزو **(9000)** هــي شـهادة تمنحها المنظمة الدولية للتوحيد القياسي للشركات التي توفر لديها مجموعة من المقاييس والمعايير والمطالب، التـي تتعلق بمستوى جودة معين تطلبه هذه المنظمة الدولية، بحيث يمكن لأي شركة في العالم إذا وفرت هـذه المطالـب (المقاييس) في نظام جودتها، بامكانها أن تحصل على هذه الشهادة. بنـاء عليـه فهـذه الشـهادة تؤكـد عـلى وجـود مستوى جودة قياسي عالمي متوفر في الشركة.

إذن أيزو **(9000)** هي بمثابة دليل أو مرشد للشركات يوضح لها مجالات تطبيـق المواصـفات أو المقـاييس العالمية لديها، ليمكنها من الحصول على إحدى شهادات المنظمة الدوليـة للتوحيـد القيـاسي وهـي الايـزو: - **9003 9001 - 9002**. وتشترط مواصفة (شهادة) الأيزو على الشركة أن تحتفظ لديها بسجلات جودة عددها (١٧) سـجلاً، لكي تثبت أن نظام الجودة لديها يعمل بكفاءة، ومن هذه السجلات:

- سجل الجودة.

- سجل مراجعة العقود.

- سجل مراجعة تصميم المنتج.

- سجل تدقيق الجودة الداخلي.

- سجل التدريب.

أيـزو 9001

تتضمن هذه الشهادة (المواصفة) الدولية ما يجب أن يكون عليه نظام الجودة في الشركات التي يبـدأ عملها من مرحلة التصميم الهندسي للمنتج حتى مرحلة ما بعد بيعـه للمستهلك، وكـذلك مراحـل تحسـين المنتج وتجديـده. وتشـتمل عـلى (٢٠) عنصر ــ مـن عناصر الجـودة المطلوبـة، وهـي تعـبر عـن شروط مـنح شهادة أيزو (9001) .

أيـزو 9002

تتضمن هذه الشهادة (المواصفة) الدولية ما يجب أن يكون عليه نظام الجودة في الشركات التي يقتصرــ نشاطها على إنتاج السلعة وتحسينها وتطويرها وبيعها فقط، دون أن يشـتمل عـلى مراحـل التصـميم الهنـدسي والخدمة ما بعد البيع. وتضم هذه المواصفة (١٨) عنصراً من عناصر الجودة، وتوافرها شرط للحصول عـلى شهادة أيزو (9002) .

أيـزو 9003

تشتمل هذه الشهادة (المواصفة) الدولية على مقـاييس تشـمل نظـام الجـودة في مجـال الفحـص النهـائي للسلعة المنتجة واختبار جودتها، وتتضمن (١٢) عنصرا من عناصر الجـودة، وهـي شروط مفروضـة عـلى الشركات للحصول على شهادة الأيزو (**9003**) .

أيـزو 9004

تتضمن هذه المواصفة التعليمات الارشادية التي يجب إتباعها مـن قبـل الشركات للحصـول عـلى إحـدى شـهادات الأيـزو **9001 , 9002 , 9003** ، أي أنهـا توضـح تطبيـق نظـام إدارة الجـودة **Quality Management System** في ثلاث أنواع من الشركات التي أشرنا اليها آنفا، للحصول على إحدى شهادات الأيزو الثلاثة.

الفرق بين أيزو 9000 , 9001 , 9002 , 9003 وأيزو 9004

أيزو **9001** حتى **9003** هي شهادات تمنح لمن يوفر شروط منحها من الشركات، وهي ذات صفة تعاقدية تتضمن صيغة إلتزام الشركات المنتجة تجاه المستهلك، في أن توفر في منتوجها المواصفات المحددة في شهادة الأيـزو. أما الأيزو (**9004**) فهي مرشد الشركات لتطبيق نظام إدارة الجودة الأيزو فيها (**QMS**)

أيـزو 14000 (EMS)

لاحقاً أصدرت المنظمة الدولية للمعايرة مواصفة جديدة لحماية ورعاية البيئة، شملت عـلى عـدة معـايير يستوجب على المنظمة تبنيها من أجل حماية البيئة، وبالتالي تمكنها من الحصول على شهادة الأيزو **(14000)** التـي سـميت بــ **International Environmental Management System** . ويمكـن القـول بـأن هـذه المواصـفة العالمية توفر للمنظمات إطاراً متكاملاً، على شكل نظام يتضمن معـايير محـددة تهـدف إلى حمايـة البيئـة، وهـذه المعايير يجب على المنظمات توفيرها في سلعها وخدماتها، وفي عمليات التصنيع التي تنفـذها. ولا شـك أن المنظمـة التي تحصل على هذه الشهادة أو المواصفة، هي بمثابة الدعاية لها في المجتمع المحلي والـدولي، حيـث تعـزز الثقـة بها وخاصة المستهلك، ويكون أداءها بوجه عام متماشياً مع قوانين حماية البيئة العالمية.

ملاحظـات حول الأيزو

- أيزو **(9000)** صالحة للتطبيق في المنظمات الانتاجية والخدمية مع ضرورة تعديل الشروط بالنسبة للأخيرة.
- الحصول على شهادة الأيزو ليس نهاية المطاف، فالأهم من ذلك المحافظة على مستوى الجودة الذي على أساسه منحت شهادة الأيزو.
- تسحب شهادة الأيزو من الشركة التي لا تحافظ على شروط الجودة المطلوبة.

- تخضع الشركات التي حازت على شهادة الأيزو للمراجعة والتفتيش كـل سـنة وبشـكل دوري، وأحيانـاً تفتيش مفاجىء، للتأكد من أن الشركة ما زالت محافظة على مواصفات الجودة المحددة.

- إنتقد بعضهم بأن تطبيق المواصفات المطلوبة من الأيزو 9000 تزيد مـن حجـم اسـتخدام الورقيـات مـن جهة، وتكلفـة التطبيـق عاليـة مـن جهـة ثانيـة. إلا أن دراسـة ميدانيـة لمنظمـة Lioyd's Register Quality Assurance Ltd أشارت إلى أن ٣% من المنظمات التي شملتها الدراسة أفادت بأنها إستهلكت ورقيات كثيرة، في

حين أن ٩٣% من المنظمات المشمولة بالدراسة أفادت بأنها حققت منافع كبيرة من تطبيق مواصفات الأيزو، بينما ٦% منها فقط أفاد بأن تكلفة تطبيق هذه المواصفات كانت عالية.

فوائد الحصول على شهادة الأيـزو

- المساعدة على ضبط عمليات الانتاج والتحقق من جودتها.

- إقتناع العملاء بأن السلعة ذات مستوى جودة عالي، وبالتالي يمكن إعتبارها أداة تسويقية للمنتجات.

- التفوق على المنافسين الذين لم يحصلوا على الشهادة، والحصول على حصة أكبر من السوق.

- التمتع بميزة التقدم للعطاءات (المناقصات) التي تشترط الحصول على شهادة الأيزو.

- من خلال توفير مستوى الجودة المطلوب تتمكن المنظمة من تخفيض شكاوى زبائنها.
- تساعد على دخول الأسواق العالمية.
- تساعد المنظمة على الاحتفاظ بمستوى جودة مستقر، وبالتالي يمكن إعتبار ذلك إستثماراً طويل الأجل.
- رفع الروح المعنوية للعاملين من خلال تفاخرهم بالعمل لدى شركة حائزة على شهادة الأيزو.
- تصبح الشركة مكاناً لاستقطاب القوى العاملة المتميزة.
- زيادة أرباح الشركة من خلال زيادة رقم مبيعاتها الناتج عن زيادة كفاءتها الانتاجية.
- توطيد علاقات متينة مع الموردين.

ونود الاشارة في هذا المجال إلى أن نظام الجودة الدولية الذي وضعته الأيزو ذو أهمية كبيرة عالمياً، فالمنظمة التي ستحصل على شهادة الأيزو، ستكون حريصة على أن تتعامل فقط مع المنظمات التي حازت على هذه الشهادة في توريد مستلزماتها، وذلك لتضمن جودة موادها ومستلزماتها، ورويداً رويداً ستجد المنظمات التي لم تتمكن من الحصول على هذه الشهادة نفسها خارج السوق وخارج إطار المنافسة وستفقد زبائنها تدريجياً، لأن المستهلك أصبح لديه وعياً بأن السلع والخدمات التي حازت على الأيزو هي الأفضل، وذات جودة جيدة، لذلك سيقدم على طلبها وشرائها.

من خلال ما تقدم نوضح الآن الفرق بين إدارة الجودة الشاملة ونظام إدارة الجودة العالمي **ISO 9000** :

نظام إدارة الجودة QMS

يعبر عن مجموعة من الإجراءات التي يجب على المنظمات القيام بها، والمقاييس أو المواصفات التي يجب أن توفرها في عملها الانتاجي (سلع أو خدمات) والمحددة من قبل المنظمة الدولية أو العالمية للمقاييس الأيزو، في مسعى منها للحصول على إحدى شهاداتها، وبالتالي فنظام إدارة الجودة يركز على النظم الفنية وإجراءات تطبيقها، التي تهدف إلى تحسين كفاءة وجودة العمليات في الشركات الصناعية والخدمية، وبالتالي فحصول الشركة على إحدى هذه الشهادات، هو إثبات لتحقيقها مستوى جودة معين ومحدد، والإسهام في تحقيق كفاءة إنتاجية وتخفيض التكاليف.

إدارة الجودة الشاملة TQM

مدخل يسعى الى إحداث تغيير جذري في الثقافة التنظيمية داخل المنظمة وتحويلها من الأسلوب الاداري التقليدي للأسلوب الحديث، الذي يخدم تحقيق مستوى جودة عالية للمنتج أو الخدمة المقدمة. وهذا التغيير يشمل جميع وظائف ومجالات العمل في المنظمة، معتمداً على العمل الجماعي، والتعاون، والتحسين المستمر للأداء الكلي، لتحقيق النجاح على المدى الطويل، من خلال إرضاء عملاء المنظمة تحديداً.

الفـرق هو إذن

- يتضمن نظام الجودة العالمي الأيزو إطاراً عاماً يشمل معايير دولية للجودة متفق عليها، بمعنى أن هذا النظام يسعى إلى توفير مستوى جودة ذو طابع عمومي عالمي وليس خاصاً بمنظمة معينة. أما إدارة الجودة الشاملة فهي نهج إداري وفلسفة تنظيمية عامة وشاملة، تتبنى عدة أنظمة متكاملة في كافة مجالات العمل داخل المنظمة، تسعى إلى تحقيق رسالتها وإستراتيجيتها المستقبلية، التي تقوم على إشباع حاجات ومتطلبات عملاء معينين هم عملاءها، وتحقيق الرضا العالي لديهم. وبالتالي فإدارة الجودة الشاملة من حيث إحداث الرضا لدى المستهلك أو العملاء، هي أكثر تحديداً من نظام الأيزو. إلى جانب ذلك، أنه على الرغم من وجود مضامين ومرتكزات وأسس ذات طابع عام لادارة الجودة الشاملة، إلا أن تطبيقها من حيث مداه يختلف من منظمة لأخرى، بمعنى أن لكل منها نموذج خاص بها يختلف عن نماذج المنظمات الأخرى، في حين أن جميع المنظمات التي حازت على شهادة الأيزو تطبق نفس القواعد، التي تتصف بالعمومية وليس بالخصوصية كما هو الحال في إدارة الجودة الشاملة.

- يمكن إعتبار نظام الجودة مرحلة أولية للوصول إلى منهجية إدارة الجودة الشاملة مستقبلاً، وبالتالي يمكن للمنظمة أن تحصل على شهادة الأيزو دون أن يكتمل لديها منهجية إدارة الجودة الشاملة، ذلك لأن الأخيرة أعم وأشمل من الأيزو، فهي تهتم بالمستهلك الداخلي، وتتبنى حلقات الجودة، وتؤكد على تبني مبدأ المشاركة والعمل الجماعي، وتهتم بالموارد البشرية وما يتعلق بها من أمور مثل: القيادة، الإتجاهات، الحوافز..الخ. كما أنها تهتم في توطيد العلاقة مع العملاء والموردين والمجتمع، في حين أن الأيزو لا يدخل قسما كبيراً من هذه الأمور ضمن إهتماماتها.

- تهدف المنظمات التي حازت على شهادة الأيزو الى التعامل غير المباشر مع المستهلك، وذلك من خلال تطبيق المعايير الدولية للجودة في سلعها أو خدماتها، في حين أن المنظمات التي تطبق إدارة الجودة الشاملة، تهدف إلى التعامل المباشر مع العملاء، من خلال الدراسة الميدانية لحاجاتهم ورغباتهم، للعمل على توفيرها لهم.

- جميع المنظمات التي حازت على شهادة الأيزو، خاضعة الى مراجعات وتفتيش دوري من قبل المنظمة العالمية للمعايرة، للتأكد من إستمرارية تطبيق معايير الجودة التي على أساسها منحتها شهادتها، كما أنها ملزمة باجراء تعديلات كلما قامت هذه المنظمة العالمية بتغيير معاييرها، أما المنظمات التي تطبق إدارة الجودة الشاملة، فلا يوجد هذا الشيء بالنسبة لها، فنموذجها عن إدارة الجودة الشاملة خاص بها ولها حرية التصرف.

- شهادة الأيزو مهمة للشركات الصغيرة التي تريد دخول السوق العالمي أو الإقليمي، أما المنظمات الكبيرة العالمية، فقد تخطت هذه المرحلة، وأصبحت تسعى للتعامل مع العملاء مباشرة في ظل المنافسة القوية المحلية والعالمية.

الفصل الثاني

المنهجية المتكاملة لإدارة الجودة الشاملة

مقدمــة

تشتمل منهجية إدارة الجودة الشاملة على مجموعـة مـن المكونـات الرئيسـية والأساسـية وعـددها ستة، حيث يتضمن كل منها عدداً من الأركان الفرعية، يشكل مجموعها الإستراتيجية العامـة لادارة الجـودة الشاملة، التي وصفناها بالمنهجية العامة، وفيما يلي هذه المكونات الست :

١- رسالة المنظمة .	**Organization Mission**
٢- إستراتيجية المنظمة .	**Organization Strategy**
٣- التغييرات .	**Changes**
٤- المتطلبات .	**Requirments**
٥- التحسينات .	**Improvements**
٦- الانشطة الداعمة المستمرة .	**Systematic Supported Work**

وسنقوم في هذا الفصل بشرح مضمون هذه المكونات الست بشكل مفصل عـلى شـكل عموميـات، بحيث يمكن مساعدة المنظمات بوجه عام في وضعها لمنهجياتها الخاصة بادارة الجودة الشاملة.

ونعرض فيما يلي شكلاً توضيحياً يبين لنا هذه المكونات أو الأطر العامة، وما تشتمل عليه من أركان فرعية:

شكل رقم (٥)

المنهجية المتكاملة لإدارة الجودة الشاملة

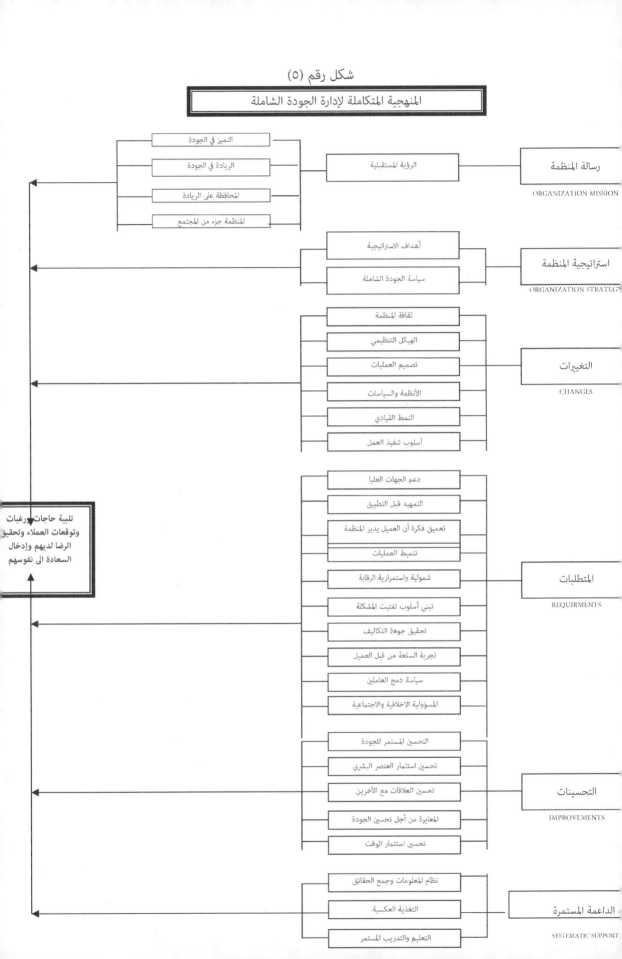

رسالة المنظمة في ظل إدارة الجودة الشاملة

رسالة المنظمة **Organization Mission** هي الرؤية **Vision** المستقبلية لما تريد المنظمة الوصول إليه مستقبلاً .

رسالة المنظمة تعبير واضح لما تريد أن تكون عليه مستقبلاً، فهي تمثل الصورة المستقبلية للمنظمة، وإلى أين تريد الوصول إليه في مسيرتها، من خلال تطبيقها لمنهجية إدارة الجودة الشاملة الخاصة بها. وبالتالي فرسالة المنظمة يجب أن تمثل الطموح المشترك لكل من يعمل فيها، وتحقيقها لا يكون في الأمد القصير أو المتوسط، بل يكون في الأمد الطويل الأجل، وتوضع الرسالة عادة في منظمات الأعمال من قبل الملاك **Oweners** بمساعدة خبراء إستشاريين يعملون في خدمتهم. بناء عليه يمكن تشبيه رسالة المنظمة بالدستور الذي في ظله وفي ضوئه تنظم وتنفذ الشؤون العامة في الدول، حيث تنبثق منه القوانين والتشريعات، ويعمل الجميع تحت مظلته وفي خدمته.

وتتكون رسالة المنظمة في ظل إدارة الجودة الشاملة عادة من الجوانب الرئيسية التالية :

- المنظمة جزء لا يتجزأ من المجتمع الذي تعمل في ظله وتعيش في كنفه، ولولا قبوله لها لما قامت، فله دين عليها بشكل دائم، فعلينا كمنظمة أن نقدم له كل خير ونفع، ونسعى لإبعاد أي ضرر يلحق به، فما يصيبه يصيبنا، فرضاه هو غايتنا.

- طموحنا المستقبلي أن نكون دائماً في الطليعة، نحمل راية الريادة في الجودة، من خلال تميزنا وتفوقنا على المنافسين، وهذا التميز يكون عن طريق المنافسة الشريفة، فالبقاء دائماً للأفضل.

- نريد دائماً أن نكون الأفضل في نظر عملائنا، فعلينا مسؤولية كبيرة وجسيمة نحوهم وهي، أن نحافظ على الريادة في الجودة بشكل دائم، والمحافظة عليها أصعب من الوصول إليها.

- علينا أن نسعى جاهدين لجعل الجميع يتحدث عن منظمتنا وعن إنجازاتها، وما نقدمه لعملائنا وللمجتمع، فإنجازاتنا ومستوى جودتها ورضا عملائنا، هم الضمان لنا في البقاء والاستمرار لأمد طويل، وسنجعل الأجيال تتحدث عما قدمناه وأنجزناه.

استراتيجية المنظمة في ظل إدارة الجودة الشاملة

توضع الاستراتيجية في خدمة رسالة المنظمة، وتشتمل على مجموعة من الأهداف ذات طابع عمومي طويلة الأجل تنوي تحقيقها، وأيضاً على السبل العامة التي سوف تتبناها من أجل ذلك. وبالتالي فالاستراتيجية خريطة توضح للمنظمة ومن يعمل فيها، الطريق الذي سوف تسلكه من أجل تحقيق أهدافها وبالتالي رسالتها.

تقوم إستراتيجية المنظمة التي تتبنى إدارة الجودة الشاملة، على تحقيق التميز Excelence والتفوق على الآخرين (أي المنافسين)، من خلال تقديم سلعة أو

خدمة للعميل تحقق له أعلى قيمة، بحيث تكون هذه القيمة (المنفعة) التي يحصل عليها أكبر من التضحيات التي قدمها في سبيل الحصول عليها، وأكثر من المنفعة التي تقدمها المنظمات المنافسة لعملائها، فاستراتيجية إدارة الجودة الشاملة تقوم أساساً على أن رضا العميل يرتفع طرداً مع زيادة القيمة التي كان يتوقعها وحصل عليها، فتحقيق هذه الفلسفة يُمكن المنظمة من التفوق على الآخرين، وكسب حصة أكبر من السوق، وبالتالي البقاء والاستمرار.

ويحتاج وضع إستراتيجية إدارة الجودة الشاملة موضع التنفيذ، إلى القيام بترجمتها الى خطة إستراتيجية، ومن ثم الى خطط تفصيلية مرحلية، تتضمن الفعاليات والوسائل التي سيتم من خلالها إنجازها. ونود الاشارة ونحن في هذا المقام الى ناحية مهمة هي، ضرورة تبني مبدأ المشاركة في عملية وضعها، من خلال ورش عمل تجري فيها مناقشات وحوار وتبادل للآراء، ذلك لأن تحقيق أهداف الاستراتيجية هو هدف ومسؤولية الجميع، فلم تعد مسؤولية وضعها في الوقت الحاضر تقع على عاتق الادارة العليا فحسب، بل يساهم في وضعها جميع المستويات الإدارية، من خلال إبداء الرأي والمقترحات.

ويمر وضع إستراتيجية إدارة الجودة الشاملة عادة بعدد من الخطوات نعرضها بوجه عام فيما يلي:

- وضع أهداف طويلة الأجل، تضمن للمنظمة البقاء والاستمرار وتحقيق رسالتها المستقبلية.

- وضع خطة إستراتيجية يصب تنفيذها المرحلي في قناة تحقيق الأهداف، وتشتمل على مجموعة من التغييرات في شتى المجالات داخل المنظمة: ثقافتها، فلسفتها، عملياتها، أنظمتها، سياساتها، إجراءاتها..الخ بما يخدم الاستراتيجية. كذلك إدخال تحسينات مستمرة ومتواصلة على عدد من الأنشطة والفعاليات، التي

تمكن المنظمة من الوصول إلى الريادة في مستوى جودة سلعها أو خدماتها، لتحقيق الرضا والسعادة لدى عملائها.

- دراسة الامكانات الحالية المتاحة داخل المنظمة من أجل تحديد النواقص، في مسعى لتوفير احتياجات وضع الخطة الاستراتيجية موضع التنفيذ. وتشتمل هذه الاحتياجات على كافة المتطلبات والمستلزمات سواء على الصعيد المادي أو المعنوي.

- وكخطوة لاحقة، يتم ترجمة الخطة الاستراتيجية الى خطط تفصيلية، يتم تنفيذها على مراحل متتالية، يسعى جميعها في النهاية الى تحقيق الأهداف العامة لاستراتيجية المنظمة، وهي إدارة الجودة الشاملة.

أهداف إستراتيجية إدارة الجودة الشاملة

تشتمل إستراتيجية إدارة الجودة الشاملة على عدد من الأهداف العامة، التي غايتها الأساسية تحقيق رسالة المنظمة، ونعرض فيما يلي نموذجاً عن هذه الأهداف:

- تحقيق أعلى درجة من الرضا لدى العملاء، وهذا يستدعي تسخير كافة الجهود والطاقات، لتحقيق هذه الغاية المشتركة لجميع من يعمل في المنظمة.

- التميز والتفوق على المنافسين فيما تقدمه المنظمة لعملائها.

- البقاء في الطليعة، من خلال عمليات تحسين مستمرة للجودة الشاملة.

- التكيف المستمر مع المتغيرات البيئية المختلفة، والتعايش معها بشكل فعال.

- تكوين سمعة عطرة وطيبة عن المنظمة لدى المجتمع.
- تقديم كل ما يطلبه العملاء ويدخل السعادة والسرور إلى نفوسهم.
- التكيف المستمر مع التغيرات التي تحدث في ما يريده ويرغبه العملاء.
- زيادة الربحية من خلال :

- توسيع حصة المنظمة من السوق.

- زيادة الكفاءة الانتاجية والسعي إلى:

تخفيض التكلفة من خلال ترشيد الإستهلاك والحد من الإسراف والهدر.

سياسة الجودة الشـاملة

في ضوء رسالة المنظمة وإستراتيجيتها، يتم رسم السياسة العامة الجديدة للعمل داخل المنظمة وهي سياسة تحقيق الجودة الشاملة، التي سوف تسير عليها في تحقيق ما تصبو إليه مستقبلاً. وبالتالي يمكن القول، إن هذه السياسة هي الموجه والمنسق العام لكافة الجهود المبذولة في المنظمة، نحو الغاية المشتركة للجميع، وهي تحقيق أهداف إستراتيجية المنظمة الجديدة ورسالتها. وتشتمل سياسة الجودة الشاملة على عدد من المرتكزات والقواعد، التي يجب الالتزام بها عند اتخاذ القرارات في كافة المستويات الإدارية داخل المنظمة، فهذا الالتزام يعني توجه جميع المديرين والرؤساء نحو إستراتيجية المنظمة ورسالتها، لأن سياسة الجودة الشاملة نابعة من الإثنتين وتعمل في خدمتهما. ونعرض للقارىء فيما يلي قواعد ومرتكزات هذه السياسة:

- إرضاء العملاء وكسب ثقتهم من خلال تقديم منتج (أو خدمة) خالي من العيوب، بشكل نزيل أي تـذمر لديهم، وتقديم أكبر منفعة لهم.

- الاتصال المستمر مع العملاء لمعرفة حاجاتهم ومطالبهم وتوقعاتهم، للعمل على تلبيتها بأسرع ما يمكن.

- أداء العمل الصحيح من المـرة الأولى وبدون أخطـاء مسـتخدمين أسـلوب تأكيـد الجـودة، وأكفـأ الأدوات الرقابية.

- تعميق المسؤولية الجماعية المشتركة لـدى كل مـن يعمـل في المنظمة فيما يخص تحقيـق الرضا لـدى العملاء.

- تعميق النظرة الشمولية للعاملين داخل المنظمة.

- تحقيق شعار العمل الجماعي، والمشاركة في إتخاذ القرارات.

- تحقيق السـيولة التنظيميـة والمرونـة في العمـل، والقضـاء نهائيـاً عـلى أي تعقيـد يعيـق سـير الأعمال في المنظمة.

- التحسين المستمر للجودة، والتحسين شامل لكل شيء داخل المنظمة.

- العناية بالعنصر البشري الذي يعمل داخل المنظمة، فالموظف السعيد يعني أن الزبون راضٍ وسعيد.

- التفاعل المستمر والتكيف مع كل ما يحدث في البيئة ويؤثر في نشاط المنظمة.

التغييرات المطلوبة

تشتمل منهجية إدارة الجودة الشاملة على إحداث عدد من التغييرات المطلوبة، من أجل تطبيق هذه المنهجية على أرضية وأسس متينة ورصينة، فبدونها لا يمكن أن نضمن نجاح التطبيق. ونود الاشارة في هذا المقام وقبل إستعراض وشرح هذه التغييرات الى ناحية هامة هي: إن أي تغيير أيا كان نوعه وشكله لابد أن يلقى مقاومة من قبل العاملين داخل المنظمة، فالمعروف أن الجديد يلغي القديم الذي اعتادوا عليه، فعلينا أن نتوقع هذه المقاومة، ونعرف كيف نتعامل معها وندافع عن التغييرات، ولعل خير وسيلة للدفاع هي الهجوم، ولا نقصد بالهجوم هنا إستخدام العنف في القضاء على المقاومة، بل نقصد به التعامل المخطط والمدروس من أجل تحييد المقاومة، وكسب ثقة العاملين وتأييدهم لهذه التغييرات، وذلك من خلال برامج توعية يشرح من خلالها، أبعاد إدارة الجودة الشاملة وفوائدها، وكيف أنها ضرورة ملحة لمستقبل المنظمة ومن أجل بقائها وإستمراريتها، فهي وسيلة للتكيف مع التغيرات العالمية المعاصرة. ونود أن نلفت النظر هنا، إلى أن المقاومة تكون أشد وأكبر في المنظمات القديمة عن المنظمات الجديدة، التي لم تلحق الفلسفة القديمة أن تنمو وتنغرس في أذهان العاملين فيها. ونعرض فيما يلي التغييرات الأساسية المطلوبة، التي تمهد لتطبيق منهجية إدارة الجودة الشاملة.

ثقافة المنظمة

إن تغيير مجموعة المبادىء والقيم والمعتقدات التنظيمية السائدة بين أعضاء المنظمة وتوحيدها من خلال ثقافة تنظيمية جديدة، يلعب دوراً بارزاً في تشكيل وتوجيه الأنماط السلوكية داخلها، بما يخدم أهداف إستراتيجية إدارة الجودة الشاملة، ورسالة المنظمة الجديدة.

يتطلب تطبيق إدارة الجودة الشاملة، تغيير الثقافة التنظيمية القديمة التي يتم بموجبها العمل الحالي في المنظمة، إلى ثقافة جديدة قائمة على المرتكزات الأساسية التي يحتاجها هذا التطبيق، بشكل يجعله ممكناً وناجحاً. ويمكن تعريف الثقافة التنظيمية الجديدة بما يلي:

الثقافة التنظيمية الجديدة **New Organizational Culture** هي بنية إجتماعية **Social Construction** ، تشتمل على مجموعة من المبادىء، والقيم، والمفاهيم، والمعتقدات التي يجب أن تسود داخل المنظمة لدى جميع أعضائها، بحيث تمكنهم من إدراك الاحداث الجديدة المنوي إدخالها إلى المنظمة (منهجية إدارة الجودة الشاملة) وبالتالي فهي تلعب بمكوناتها دور الموجه للسلوك الانساني، كما تلعب دوراً مؤثراً في عملية إتخاذ القرارات وحل المشاكل التي تصادف المديرين والعاملين أثناء تطبيقهم لهذه المنهجية الجديدة.

فالثقافة التنظيمية الجديدة الواعية التي تحتاجها إدارة الجودة الشاملة، هي التي تكون قادرة على إحداث التكامل الداخلي **Internal Integration** للأنماط السلوكية بين الجماعات والأفراد، أي لدى جميع العاملين في المنظمة، هذا التكامل

يوحد هذه الانماط ويوجهها نحو تحقيق رسالتها. فغياب الثقافة التنظيمية يجعل كل متخذ قرار، وكل فرد يعمل ويتصرف حسب قيمه وقناعاته الخاصة أو القديمة، أما بوجودها فالوضع يختلف، ذلك لأنها توجهه السلوك الانساني داخل المنظمة وجهة واحدة مشتركة لدى الجميع. وبوجه عام يمكن تلخيص فوائد الثقافة التنظيمية التي تخدم إدارة الجودة الشاملة بما يلي:

- جعل لغة الحديث والعمل والسلوك داخل المنظمة واحدة.
- ربط الجماعات (والأفراد) داخل المنظمة مع بعضها في نسق ورباط واحد، لتحقيق غاية مشتركة لدى الجميع وهي رسالة المنظمة.
- تنمية روابط المودة بين العاملين، وذلك من خلال إعتناق الجميع لقيم ومعتقدات تنظيمية واحدة، تشتمل عليها الثقافة التنظيمية.
- تحقيق رسالة المنظمة الجديدة بفاعلية كبيرة.
- تسهل من عملية الاتصال داخل المنظمة.
- تجعل عملية إتخاذ القرارات أكثر كفاءة، لوجود ضوابط موحدة ومشتركة لدى جميع متخذي القرارات، لأن الغاية مشتركة بينهم وهي رسالة المنظمة.

ولتفعيل دور الثقافة التنظيمية الجديدة وتحقيق النجاح لها في خدمة تطبيق إدارة الجودة الشاملة، نجد من الأهمية بمكان شرحها لجميع العاملين في المنظمة، ليكونوا ملمين بها بعمق وفهم، ومساعدتهم على تطبيقها والالتزام بها عند أدائهم لأعمالهم. والذي يخدم هذا الغرض المشار إليه، هو تبني خطة مدروسة للتنمية التنظيمية **Organization Development (OD)** يمكن من خلالها غرس وتعزيز الثقافة التنظيمية الجديدة بقيمها ومبادئها ومفاهيمها وعاداتها وأنماطها السلوكية المطلوبة لدى العاملين، وهذه المسؤولية مشتركة بين جميع القيادات الادارية في المنظمة، التي عليها الاسهام في جهود هذه التنمية.

وتشتمل الثقافة التنظيمية الجديدة التي تخدم أهداف إدارة الجودة الشاملة على جوانب أساسية هي ما يلي:

- رسالة المنظمة هي غاية ومسعى الجميع، فالمنظمة هي مستقبل كل من يعمل فيها فنجاحها يعني نجاح الجميع.

- تقديم كل النفع والاحترام للعملاء.

- الكمال في الانجاز مسؤولية الجميع.

- التميز هدف إستراتيجي.

- الولاء والإنتماء والإخلاص والأمانة في العمل، السبيل الوحيد لتحقيق رسالة المنظمة.

- توفير المعاملة الإنسانية والإحترام والتقدير لكل من يعمل في المنظمة.

- إحترام الآخرين، نحب للآخرين كما نحب لأنفسنا.

- الصدق في التعامل مع الآخرين وسيلة لتعزيز الثقة بنا.

- تنمية الرقابة الذاتية والاحساس بالمسؤولية.

- النظر لكل من يعمل في المنظمة على أن لديه القابلية للابتكار والابداع.

- إتخاذ القرارات يتم بشكل جماعي.

- نمط القيادية والاشراف هو المساندة والمساعدة والصدق والاخلاص.

- تنمية العلاقات غير الرسمية بين الجميع.

- الفشل ليس نهاية، بل تجربة يجب تجاوزها والاستفادة منها مستقبلاً.

ونود الاشارة ونحن في هذا المقام الى نقطة نراها هامة من وجهة نظرنا وهي: أن تقوم المنظمة بتعديل ثقافتها التنظيمية بعد وضعها موضع التنفيذ، فمن خلال إلتزام العاملين بها أثناء ممارستهم لأعمالهم، قد تتضح بعض النواحي أو الثغرات التي تحتاج إلى إعادة النظر فيها وتعديلها، فهذا التعديل ضروري لكي تأخذ الثقافة التنظيمية أبعادها وتثبت بعد ذلك.

وفي النهاية نود القول: إن الثقافة التنظيمية الجديدة، تساعد كل من يعمل في المنظمة (وخاصة المديرين) في التعامل والتكيف مع المتغيرات البيئية الداخلية والخارجية، في سبيل جعل المنظمة قائمة ومستمرة، والمنظمة التي تود تطبيق منهجية إدارة الجودة الشاملة، يتوجب عليها وضع ثقافة تنظيمية جديدة بشكل توافق هذه المنهجية، وتوافق أيضاً المتغيرات البيئية الجديدة الداخلية والخارجية أيضاً، بما يساعد على تحقيق رسالتها وإستراتيجيتها الجديدتين، وجعلها قادرة على حل مشاكلها بفاعلية في حالة حدوثها.

الهيكل التنظيمي

لم يعد الهيكل التنظيمي التقليدي العمودي الطويل **Vertical Organization Structure** الذي يسمى بالهيراركية **Hierarchy** ذو المستويات الإدارية المتعددة مناسباً لمنهجية إدارة الجودة الشاملة، لما يسببه من مشاكل وتعقيد وبطء في العمل في المنظمة عموماً.

لم تعد المنظمة التقليدية الطويلة **Tall Organization** ذات الهرم التنظيمي العمودي الطويل يتناسب مع المنظمة المعاصرة التي تطبق منهجية إدارة الجودة الشاملة، لما يسببه هذا الهيكل من مشاكل معروفة أهمها ما يلي:

- يضع حواجز بين الوحدات (التقسيمات) الادارية، حيث يكون نشاط كل منها منفصلاً عن الأخرى، نظراً للمبالغة في تقسيم العمل والتخصص.
- نتيجة التركيز على التخصص الضيق، ووجود حواجز بين الوحدات الادارية، تصبح النظرة السائدة للعمل داخل المنظمة نظرة جزئية.
- ضعف الترابط نتيجة إنحسار الإهتمامات ضمن كل وحدة إدارية على حده.
- بعد قمة الهرم التنظيمي عن قاعدته بسبب طول خطوط الاتصال، وهذا ما يضعف من الروابط الاجتماعية بين الادارة العليا وقاعدة الهرم التنظيمي.
- ضعف التنسيق.
- مركزية السلطة، وبطىء في إتخاذ القرارات وإنجاز الأعمال.

والسؤال الآن: ما هو الهيكل التنظيمي المطلوب

الهيكل التنظيمي المطلوب يدعى بـ: " مدخل النظام الكلي المتكامل **The Whole Integrated System Approach** " الذي ينظر للمنظمة وهيكلها التنظيمي الكلي على أنه مكون من هياكل تنظمية (أنظمة) فرعية متكاملة مع بعضها البعض في سبيل تحقيق هدف كلي مشترك هو هدف المنظمة. فالهياكل الفرعية هي عبارة عن فرق عمل متكاملة، يتحول بموجبها الهيكل التنظيمي العمودي الطويل الى هيكل أفقي، بحيث يشجع المديرين على أن ينظروا للخطة وللعمل فيها نظرة كلية وليست جزئية، فعمل الأنظمة أو الهياكل التنظيمية الفرعية مترابط مع بعضه عمودياً وأفقياً، حيث يتأثر الجميع بأي مشكلة تحدث، وذلك بسبب

وجود هذا الترابط الذي يزيد من أواصر التعاون، والتنسيق، والعمل الجماعي، والمشاركة في كافة أنحاء المنظمة. وبالتالي يمكن القول أن الهيكل التنظيمي الجديد يؤدي إلى إنسياب العمل بشكل أفقي Horizontal Work Flow وبشكل عمودي Vertical Work Flow بآن واحد، بشكل يسهل معه إنتقال الأوامر والتوجيهات والمعلومات بسرعة ويسر، وتخف حدة الروتين الذي كان يعيق إنسياب العمل في الهيكل التنظيمي التقليدي. وبعبارة أخرى فالهيكل الجديد يحدث تكاملاً أفقياً وعمودياً، معتمداً على أسلوب تنظيمي يدعى "بالتقاطع الوظيفي Cross Functional" الذي يحدث تكاملاً بين التقسيمات الادارية وعلى كافة المستويات ضمن الهيكل التنظيمي الكلي، والشكل التالي يوضح هذا الأسلوب :

شكل رقم (٦)

(*)

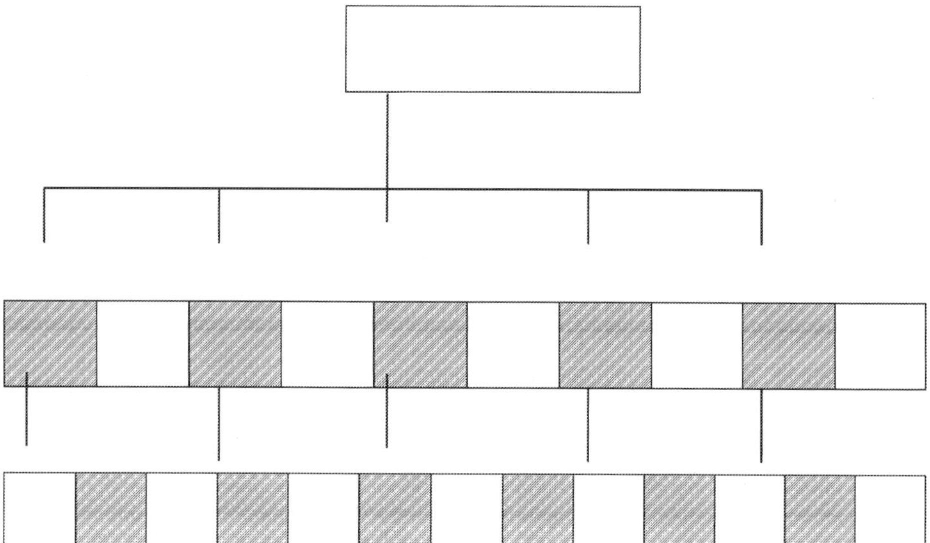

_____

(*) تشير المساحة المظللة في الشكل الى عملية التكامل (التقاطع) والتعاون بين الأنظمة الفرعية وعلى كافة المستويات الإدارية.

ويستلزم تطبيق هذا المدخل الجديد الذي شعاره إحداث الترابط والتكامل بين الهياكل الفرعية، أن يحول أسلوب تنفيذ نشاط المنظمة الكلي من أسلوب الأعمال Operations الى أسلوب العمليات Processes ، ونوضح فيما يلي الفرق بين معنى كل مصطلح:

Operation ويعني مهمة أو عمل واحد يجري تنفيذه من بدايته وحتى نهايته من قبل شخص واحد، أو مجموعة عمل واحدة.

Process ويعني مهمة أو عمل يجري تقسيمه الى مراحل مترابطة على شكل سلسلة كل مرحلة ينفذها فرد أو مجموعة عمل واحدة، بحيث تكون كل مرحلة مرتبطة بالمرحلة السابقة وبالمرحلة اللاحقة، وبشكل يمكن معه تطبيق مفهوم سلسلة الجودة، الذي يؤكد على أن جودة أداء كل مرحلة مرتبط بجودة أداء المرحلة السابقة والمرحلة اللاحقة، بهذا الشكل يكون أسلوب العمليات قد حقق الغاية المنشودة، وهي إحداث التكامل والترابط.

يتضح لنا إذن ضرورة تبني المدخل الجديد في تصميم الهيكل التنظيمي لاسلوب العمليات، إنسجاماً مع هدف هذا المدخل الذي ينشد تحقيقه. ونود الاشارة في هذا المقام إلى أن تطبيق هذا المدخل يتبادر معه إلى الذهن تساؤل مفاده ما يلي:

في حالة جعل الهيكل التنظيمي أفقياً متكاملاً، فهذا يعني زيادة نطاق الادارة (الاشراف) لدى الرؤساء، الأمر الذي يتطلب منهم جهداً إشرافياً إضافياً، وهذا يرهقهم ويؤثر في مستوى أدائهم سلباً، فما هو الحل؟

في الواقع ومن خلال عملية التعلم والتدريب المستمرين للعاملين، نجد أنه لا توجد مشكلة. فللوهلة الأولى فعلاً إن الهيكل الأفقي يزيد من نطاق الاشراف، لكن مع زيادة مهارة العاملين أو المرؤوسين نتيجة التعليم والتدريب المستمرين، تكون عملية توجيههم والاشراف عليهم عملية ليست صعبة، ولا تتطلب ذلك الجهد

الكبير من الرؤساء، وبالتالي فهذا السؤال مردود عليه، ونؤكد على ضرورة تبني المدخل الجديد في تصميم الهيكل التنظيمي وجعله أفقياً مترابطاً متقاطعاً، تماشياً مع متطلبات إدارة الجودة الشاملة.

واستكمالاً لعرض موضوع الهيكل التنظيمي، نرى بأن هناك ضرورة لأن نتعرض الى ثلاثة أمور ذات علاقة هي ما يلي :

١ | ضرورة تبني نهج تنظيمي يدعى "باستراتيجية الاستقرار التنظيمي The Strategy of Organizational Stability " التي تؤكد على ما يلي: إذا كان هناك شيء غير سليم أو لا نفع أو لا جدوى منه، فلا نحاول إصلاحه، بل نغيره أو نتخلص منه، هذه الاستراتيجية وعلى المدى الطويل تساعد المنظمة على تحقيق الاستقرار في الأداء التنظيمي، وترفع من وتيرة العمل ومستوى جودته.

٢ | إعادة تصميم الأدوار داخل المنظمة عبر جميع المستويات الادارية التي يشتمل عليها هيكلها التنظيمي، وذلك من خلال تنفيذ سليم لاعادة تصميم وتحليل الوظائف Jobs Redesign And Reanalysis . فالدور هو مجموعة من المهام والمسؤوليات والصلاحيات المسندة للفرد (سواء أكان رئيساً أو مرؤوساً) من خلال شغله لوظيفة معينة، وتطبيق إدارة الجودة الشاملة بلا شك يحتاج الى إعادة النظر في جميع الأدوار داخل المنظمة، من أجل تحقيق إنسجام هذه الأدوار مع التحول الجديد، فالعاملون يجب أن يعرفوا في ظل هذا التحول ما هو المطلوب منهم بشكل واضح ودقيق، للإسهام بشكل فعال في تحقيق أهداف المنهجية الجديدة إدارة الجودة الشاملة، وتقع هذه المسؤولية على إدارة الموارد البشرية.

٣ في المنظمات الكبيرة الحجم ذات الهيكل التنظيمي المعقد والمتشعب، يسود فيه ظاهرة تعقيد العمل، وزيادة عمليات الرقابة، فما هو الحل؟ الحل هو اللجوء الى اللامركزية التنظيمية من خلال منظمة المصفوفة Matrix فالمنظمة الكبيرة التي تقوم بأنشطة متعددة، ستجد نفسها رويداً رويداً منغمسة في بحر من التعقيدات التي لا تخدم منهجية إدارة الجودة الشاملة، فالملاذ إذن هو المصفوفة التنظيمية، التي تقوم على أساس لامركزية الأداء والتنفيذ مع تفويض محدد للسلطة، وإشراف عام مركزي، فالمصفوفة تمكن من تنظيم العمل بسهولة وإعادة تشكيله ثانية بشكل متكرر، كما يمكن إستخدامها في تنفيذ الأعمال المؤقتة.

إعادة تصميم العمليات

يتوقف تحقيق مستوى الجودة العالية على مدى سلامة تصميم العمليات وسهولة تنفيذها، فالتصميم القديم القائم على معتقدات ومفاهيم تنظيمية تقليدية سيعيق سيرها، ولا يخدم منهجية إدارة الجودة الشاملة، وفي هذه الحالة لا يمكننا أن نلقي اللوم على العاملين، ونقول أنهم السبب في إخفاق المنظمة وعدم قدرتها على تحقيق جودة عالية وإرضاء عملائها.

العمليات من وجهة نظر إدارة الجودة الشاملة

هي مجموعة من المهام الرئيسية المكونة من مهام فرعية مترابطة، متكاملة، متفاعلة مع بعضها في تجانس، وتناغم، وفق أسلوب سلسلة الجودة (التي شرحناها سابقاً) بحيث يسهم جميعها في إنجاز هدف مشترك وهو تحقيق أعلى جودة، للوصول الى إرضاء الزبائن بأعلى مستوى من الرضا والسعادة. فالمنظمة في ضوء هذا التعريف ومن خلال أن المنظمة نظام كلي، ما هي في الواقع إلا عبارة عن مجموعة من العمليات الرئيسية التي تتكامل مع بعضها، في سبيل تحقيق هدفها الكلي، وهو إرضاء الزبون.

بناء على ما تقدم، نجد أن منهجية إدارة الجودة الشاملة تؤكد على حاجة المنظمة الى تصميم عملياتها من جديد لتتماشى مع إتجاهات ومتطلبات تطبيق المنهجية، وهذا التصميم يجب أن يكون جديداً بعيداً عن الاتجاه التقليدي، فنحن لا نريد أن نرتبط بالقديم، الذي يعتمد على أخذ التصميم السابق وإدخال تعديلات عليه من أجل تطويره، فهذا ليس هو المطلوب ولن يخدم أهداف ومسيرة إدارة الجودة الشاملة، التي تسعى إلى احداث تغييرات جذرية في كل شيء، فالمطلوب هو تصميم جديد يتوافق مع إحتياجات إدارة الجودة الشاملة، وهذا التصميم يجب أن يكون جيداً ليحقق درجة عالية من الأداء والجودة، ولعل أسلوب إعادة الهندسة الادارية للعمليات Reengneering يخدم كثيراً في هذا المجال، وسوف نعطي لمحة موجزة عنه فيما يلي:

إعادة هندسة العمليات

ويطلق عليها باللغة العربية "الهندرة" وقد وضعت من قبل كل من "مايكل هامر" و"جيمس تشامبي" عام ١٩٩٣، وهي إحدى أنواع التغيير التنظيمي الجذرية الحديثة، التي يمكن أن تستخدمها جميع أنواع المنظمات، من أجل إدخال تغييرات أساسية وجذرية جديدة على عملياتها وأساليب وطرق وإجراءات العمل لديها.

وتشتمل الهندرة على عدد من المفاهيم نعرضها فيما يلي:

- تبدأ الهندرة من الصفر أي أننا نكتب في ورقة بيضاء لم يكتب فيها أحد من قبل، فهي إعادة تصميم جذرية **Radical Redesign** .
- ليست الهندرة عملية ترميم أو إصلاح للعمليات القائمة، بل تجديد لها.
- الهندرة ثورة للتخلي عن كل قديم.
- تسعى الهندرة الى تصميم العمليات من جديد بشكل يتماشى مع متطلبات إدارة الجودة الشاملة ومع المتغيرات البيئية المعاصرة.
- تعمل الهندرة بعيداً عن البيروقراطية والتمسك الأعمى باللوائح والقوانين، الذي يعتبر ألد أعداء إدارة الجودة الشاملة، ذلك لأنها تؤثر في جودة العمل وتنعكس سلباً على رضا الزبون، فالمنهجية الجديدة لم تعد بحاجة لموظف يأتي وينصرف من عمله في الوقت المحدد دون جودة في أدائه، فالمنظمة الآن بحاجة لموظف من نوع آخر ذو كفاءة متعلم ومتدرب على تطبيق مبادىء إدارة الجودة الشاملة، التي تلفظ الروتين العقيم.
- الهندرة ذات طابع عمومي، بمعنى أنه يمكن تطبيقها في كافة أنواع العمليات، وفي كل أنواع المنظمات أيضاً.

- تستهدف الهندرة العمليات وليس الهياكل التنظيمية.

وبوجه عام يمكن أن نحدد أهداف الهندرة بما يلي:

- التخلص من الروتين القديم وأسلوب العمل الجامد والتحول الى الحرية والمرونة.

- تخفيض تكلفة الأداء.

- تحويل عمل الأفراد من رقابة وإشراف لصيق يمارس عليهم، إلى عمل يتمتعون فيه بصلاحيات وتحمل للمسؤوليات.

- الجودة العالية في الأداء.

- الخدمة السريعة والمتميزة.

- إحداث التكامل والترابط بين مكونات العملية الواحدة.

أما من حيث المبادىء التي تقوم عليها الهندرة فهي ما يلي :

- تقوم الهندرة على إعادة تصميم العملية الواحدة من جديد بكامل مراحلها وخطواتها وذلك من بدايتها وحتى نهايتها.

- تقوم الهندرة على أساس تقنية المعلومات (نظام معلومات) الحديثة وتبني اللامركزية في عملية إستخدامها.

- تسعى الهندرة إلى دمج المهام الفرعية المتكاملة في مهمة واحدة.

- تفويض الموظفين السلطة الكافية لأداء مهامهم بكفاءة بعد هندرة العمليات.

- توفير المرونة الكافية في تنفيذ مراحل وخطوات العمليات.

- تصميم العملية الواحدة بشكل يمكنها أن تؤدي أكثر من عمل.

- تقليل عدد مرات التدقيق والمراجعة لتوفير السرعة في الاداء.

- حصر عملية الاتصال بجهة معينة توفيراً للوقت والجهد.

- تبني أسلوب فرق العمل والجهد الجماعي.

الأنظمة والسياسات

الأنظمة أداة يتم في ضوئها تنفيذ العمل في المنظمات عموماً، وهـي ضوابط عامة وشاملة للأداء التنظيمي الكلي، وموجه له نحو تحقيق الأهداف المنشودة.

يحتاج تطبيق إدارة الجودة الشاملة إلى وضع أنظمـة جديدة New Systems بـدلاً عـن القديمـة المعمول بها، حيث يتم وضعها في ضوء وخدمة إستراتيجية المنظمة الجديدة وتحقيق أهدافها، فهي الأداة المرشدة للأداء الكلي داخل المنظمة نحو تحقيق إستراتيجية إدارة الجودة الشاملة، لأنها تشتمل على قواعد وضوابط عامة توجه هذا الأداء، على اعتبار أن النظام هو بمثابة قانون داخلي يجب الالتزام بـه مـن قبـل الجميع. وداخل المنظمة هناك العديد من الأنظمة نذكر بعضاً منها على سبيل المثال: النظام الانتاجي، النظام المالي، نظام الشراء، نظام التخزين، نظام التوزيع..الخ.

ونود الاشارة ونحن في هذا المقام إلى نقطة ذات علاقة بموضوعنا، ألا وهي مسألة تفريع النظام الواحد إلى أنظمة فرعية عند الحاجة، ليكون النظام أكثر تحديداً وتفصيلاً في عملية التطبيق، وأكثر استيعاباً.

السياسـات موجـه للتفكيـر، والأداء، وإتخـاذ القرارات، نحـو تحقيـق الهـدف الكـلي للمنظمة وإستراتيجيتها.

السياسات هي مبادىء عامة تعمل على توجيه التفكير في مجـال إتخـاذ القرارات، وفي أداء واجبـات العمل، وتحمل مسؤولياته، وممارسة سلطاته. والسياسات منها ما هو عام وشامل ومنها ما هـو خـاص يشمل مجالاً معيناً من العمل في المنظمة، فعندما نقول سياسـة التخـزين، فهـذا يعـني أن قواعـدها تشمل العمل المخزني فقط. ويتم وضع وتصميم السياسات بشكل تسهم في خدمة وتحقيق إستراتيجية المنظمـة الجديدة إدارة الجودة الشاملة، وفي ضوء أنظمتها الجديدة المعمول بها. وفي عملية إعادة تصميم السياسات، لابد مـن مراعاة جانب هام ألا وهو توفير صفة المرونة فيها، لكي لا تشكل أو تفرض قيوداً تحد مـن حريـة مـن يطبقهـا ويعمل بموجبها، لكن هذه المرونـة يجـب أن تكـون ضـمن حـدود لا يجـوز تجاوزهـا، لأن المبالغـة في تحقيـق المرونة، قد يؤدي الى الإخلال بالنظام.

النمط القيادي

تحتاج منهجية إدارة الجودة الشاملة إلى قيـادة إداريـة قـادرة عـلى تحقيـق التفاعـل بينها وبين المرؤوسين، وإيجاد التعاون والإنسجام والتآخي بينها وبينهم. فالقيادة المطلوبـة يجب أن تكون قادرة على تكوين فريق عمل متعاون لديـه ولاء وإنتـماء، يضـع المصـلحة العامة قبل الخاصة، وتشجيعه على تطبيق منهجية إدارة الجودة الشاملة.

تحتاج إدارة الجودة الشاملة إلى تغيير النمط القيادي الحالي السائد في المنظمة، فمن خلال إطلاعنا على المضامين والمرتكزات التي تقوم عليها فلسفة المنهجية المتكاملة لإدارة الجودة الشاملة وعلى ثقافة المنظمة الجديدة، يتضح لنا أنها بحاجة الى إستبدال الأنماط القيادية الحالية بنمط قيادي جديد، ذو خصائص معينة وأسلوب عمل خاص ينسجم مع هذه المنهجية والثقافة، فالمسؤولية الملقاة على عاتق القيادة الادارية في ظل إدارة الجودة الشاملة، مسؤولية جسيمة، ولا نبالغ إذا قلنا بأن نجاحها في تأدية مهمتها، يتوقف عليه نجاح تطبيق هذه المنهجية والى حد كبير، فالأنماط التقليدية المعروفة، لا تنسجم ولا تخدم نجاحها، وسنعمل فيما يلي على شرح ثلاث جوانب تتعلق بالقيادة الادارية في ظل إدارة الجودة الشاملة هي ما يلي:

١- مهام القيادة الادارية.

٢- خصائص القيادة الإدارية.

٣- أسلوب القيادة الإدارية.

مهام القيادة في ظل إدارة الجودة الشاملة

القائد الاداري أيا كان موقعه ومنصبه الوظيفي ضمن الهيكل التنظيمي، عليه في ظل إدارة الجودة الشاملة، القيام بالمهام وتحمل المسؤوليات التالية، التي تعتبر بمثابة معايير يمكن من خلالها الحكم على مدى قدرته وفاعليته القيادية:

● غرس مضامين إدارة الجودة الشاملة لدى مرؤوسيه، بعد شرحها وتفسيرها لهم، وبيان الفلسفة العامة التي تقوم عليها، وهدفها إرضاء الزبون، وكذلك زرع الأمل والتفاؤل في نفوسهم بشأن نجاح إدارة الجودة الشاملة بجهودهم المثمرة.

- شرح وغرس الثقافة التنظيمية الجديدة للمنظمة لدى مرؤوسيه، ومساعدتهم على تطبيقها والالتزام بها.

- تحفيز مرؤوسيه على خدمة العملاء وإرضائهم، وتدريبهم على كيفية الاهتمام بهـم، وتشـجيعهم عـلى الاسهام بمقترحاتهم، من أجل تطوير وسائل فعالة تسهم في تحقيق الرضا لدى عملاء المنظمة.

- البحث عن الطريق الصحيح ليقود مرؤوسيه الى تحقيق المطلوب.

- الاهتمام بالتفاصيل لأنها تؤدي الى تحقيق عمل بدون أخطاء وجودة متميزة في الأداء.

- توعية مرؤوسيه لضرورة الاتصال المستمر مع العملاء لمعرفة إحتياجاتهم ورغباتهم.

- توزيع المهام والمسؤوليات على مرؤوسيه بشكل واضح ومفهوم، بحيـث يعـرف كـل واحـد مـنهم مـا هـو المطلوب منه بوضوح.

- يحول عمل مرؤوسيه من واجبات ومسؤوليات الى متعة.

- تطوير أداء مرؤوسيه باستمرار، وجعلهم جاهزين لمواجهة التحديات الناجمة عن تطبيق منهجية إدارة الجودة الشاملة، وعدم الإستسلام للمشاكل.

- تفويض السلطة لمرؤوسيه وتشجيعهم وتوجيههم لاستخدامها بشكل فعال.

- مساعدة مرؤوسيه في حل مشاكلهم، وحل أي نزاع ينشأ بينهم وبسرعة.

- جعل قنوات الإتصال مفتوحة وباستمرار بينه وبين مرؤوسيه، فهذا يجعله قريباً منهم.

- إشعار مرؤوسيه بأنه واحداً منهم يضمهم فريق عمل واحد متعاون لتحقيق أهداف مشتركة.

- تبنى مبدأ الصراحة في مناقشة المشاكل مع مرؤوسيه.

- توفير الإحترام والمعاملة الأخوية والمساندة لمرؤوسيه.

- زرع الثقة به في نفوس مرؤوسيه.

- البحث المستمر عن المشاكل المحتملة الحدوث من أجل التصدي لها ومنع وقوعها، فالقائد الناجح لا ينتظر المشاكل أن تحدث، بل يسعى إلى إكتشافها قبل وقوعها.

- الاستجابة السريعة لضغوط ومشاكل العمل، والسعي الى حلها والتكيف معها.

- لا وجود للشعارات لديه.

- بناء نظام معلومات خاص به، يساعده على إتخاذ القرارات بشكل جيد، ويسمح لمرؤوسيه باستخدام هذه المعلومات عندما يحتاجونها.

صفات القيادة في ظل إدارة الجودة الشاملة

١ الشجاعة :

- النظر للأمام لا للوراء.

- القدرة على مواجهة التحديات والمشاكل وعدم الهروب منها.

- الحماسة.

- الإبتعاد عن الحلول الوسطى.

- الإعتراف بأخطائه والإستفادة منها مستقبلاً.

- القدرة على تحمل المسؤولية.

٢ الإعتمادية :

- دقيق في عمله.

- يدرس كل شيء ولا يترك أمراً دون دراسة، ويبتعد نهائياً عن الارتجالية.

- يتابع الأمور بشكل مستمر ويقيسها ويقيمها بموضوعية.

- ملتزم تجاه نفسه وتجاه الآخرين.

- مواظب ودؤوب.

٣ أخلاقيات العمل :

- العدالة والمساواة.

- الموضوعية في تعامله مع الآخرين.

- القائد بأفعاله لا بأقواله.

- الصدق.

- الامانة.

- الإخلاص والتفاني في العمل.

- إبعاد المصلحة الشخصية والأنانية عن تصرفاته، وعدم إساءة إستخدام صلاحياته وإمتيازاته.

- إحترام الآخرين وعدم التقليل من شأنهم.

٤ الذكاء :

- لديه سعة الأفق.

- يفكر بشكل صحيح.

- منطقي.

- لديه قدرة على الإستنتاج.

- مبدع.

- لديه قدرة الحكم على الأمور بشكل صحيح من خلال الرؤية الواضحة والصحيحة.

٥ المرونة :

القائد الجيد هو القائد الموقفي الذي يؤمن بأن الادارة الحديثة هي إدارة موقف، فالمرونـة تقتضيـ عدم الإيمان بالثبات، فكل المواقف والأمور المحيطة بنا قابلة للتغيير، لذلك يجب التماشي والتكيـف معهـا، وهذا يتطلب من القائد تغيير مساراته باستمرار، حسب متطلبات المواقف التي يواجهها.

٦ التفاؤل:

القائد الجيد هو الذي يكون بعيداً عن التشاؤم، وينظر للأمور وللمستقبل بمنظار التفاؤل.

أسلوب القيادة في ظل إدارة الجودة الشاملة

في ضوء ما تقدم عرضه حول مهام القيادة الإدارية وخصائصها في ظل إدارة الجودة الشاملة، نجد مـن الضروري تغيير أسلوب القـادة المعمـول بـه فـي المنظمـة مـن قبـل مـديريها ورؤسـائها فـي المستويات الادارية، وإستبداله باسلوب أكثر فاعلية، يُمكنهم من وضع هذه المهام موضع التطبيق بشكل ناجح، هذا الاسلوب الذي

تحتاجه منهجية إدارة الجودة الشاملة يدعى بـ "الإدارة الجوالة"، **"Management By Walking (Mbw)"** أو "الإدارة المرئية **Visual Management** ".

يقوم هذا الاسلوب على فكرة أساسية مفادها: جعل الرؤساء قريبين من واقع تنفيذ العمل، أي يقضون معظم وقتهم بجانب مرؤوسيهم خلال تنفيذهم لمهامهم، بحيث يكونوا قريبون من المشاكل الفعلية التي تصادفهم ومن موقع الحدث. والسبيل الى ذلك هو تبني الرؤساء لأسلوب الإتصال غير الرسمي، الذي يجعل قنوات الإتصال مفتوحة مع المرؤوسين بشكل دائم، وهذا يستدعي من الادارة الجوالة كسر الحواجز التنظيمية الرسمية التي يوجدها الاتصال الرسمي الجامد، وإستبداله بالاتصال غير الرسمي والرسمي المرن بآن واحد. فالمدير التواق للعلاقات الرسمية مع مرؤوسيه، ويقضي معظم وقته في مكتبه، سيجد نفسه معزولاً عنهم، مثل هذا المدير لا تحتاجه إدارة الجودة الشاملة بأي شكل من الأشكال، لأنه يمثل النمط التقليدي في الفكر الإداري القديم، الذي يفصل الادارة عن التنفيذ. فالإدارة الحديثة التي تحتاجها إدارة الجودة الشاملة هي الإدارة الجوالة، التي تراها دائما في مواقع العمل جنباً الى جنب مع مرؤوسيها، جاعلة قنوات الاتصال مفتوحة بين القاعدة والقمة باستمرار، لجعل الأعمال تنفذ بسهولة وسلاسة دون وجود عوائق، وهذا ما أسماه المفكرون "بالسيولة التنظيمية **Organization Liquidity** " التي تقوم على تفعيل الاتصال غير الرسمي، وتضع حداً للرسميات عبر المستويات الادارية التي يشتمل عليها الهيكل التنظيمي، والتي كانت تشكل عائقاً أمام سيولة العمل وتدفقه داخل المنظمة ككل. وبناء عليه يمكن القول أن الادارة الجوالة وسيلة ذات فاعلية كبيرة في تحقيق السيولة التنظيمية التي تحتاجها إدارة الجودة الشاملة، وبالتالي فان وضع الإدارة الجوالة موضع التطبيق يكون من خلال ما يلي :

توفير بيئة أو مناخ تنظيمي غير رسمي، عن طريق كسرـ الحواجز التنظيمية غير الرسمية بين المستويات الإدارية من قمة الهرم التنظيمي حتى قاعدته، وفي الوقت نفسه تنمية الاتصال غير الرسمي بينها، من خلال التركيز على إجتماعات غير رسمية بين الرؤساء والمرؤوسين، يدور فيها نقاش وحوار صريح بين الطرفين، ويعتبر الرؤساء أنفسهم أعضاء في فريق عمل واحد، ينغمسون ويندمجون مع مرؤوسيهم في عمل تعاوني يسوده الديموقراطية.

ويمكن تلخيص إنعكاسات الإدارة الجوالة الإيجابية بما يلي:

- تضع العملية الادارية بمكوناتها (التخطيط، التنظيم، التوجيه، الرقابة، التنسيق ضمنا) موضع التطبيق العملي، إنطلاقاً من مبدأ لا فصل بين الادارة والتنفيذ.

- تجعل الأعمال تتم بسهولة دون عوائق، مما يخفف من الروتين الى أدنى حد، لأن الإتصال غير الرسمي الـذي تتبنـاه الادارة الجوالـة، يبعـد تنفيـذ العمـل عـن التعقيـد، والـدورات المستندية، والمـذكرات، والخطابات..الخ

- تخرج الرؤساء من مكاتبهم وبروجهم العاجية، وتضعهم في أرض الواقع، بحيث تكون نظرتهم للأمور نظرة واقعية وليست نظرية، فهي تنزع الرئيس من كرسيه المريح ليرى ما يحدث في ميدان العمل.

- توفر البيئة الصالحة لتحقيق سياسة إدماج العاملين (المشاركة)، وزرع الولاء والإنتماء لديهم تجاه رؤسائهم والمنظمة، وتحقيق درجة عالية من التفاعل والتنسيق بينهما.

- تُفعل عملية الرقابة المباشرة والوقائية بآن واحد، حيث تكشف الخطأ قبل وقوعه أو عند حدوثه، فتكون عملية التدخل والعلاج سريعة.

● تكسر حاجز الخوف الموجود لدى المرؤوسين ليأتوا الى مكاتب رؤسائهم، وقول ما لديهم من معلومات، وأفكار، وإقتراحات.

وفي الختام نجد أنه لابد من الاشارة إلى إنتقاد المتحمسين للبيروقراطية والإجراءات والرسميات والضبط والربط، لهذا النمط القيادي الجديد، وهو أن السيولة التنظيمية وبيئتها المتحررة من القيود والروتين، تهيء الفرصة للفوضى وضعف الرقابة. إن الرد على هذا الانتقاد هو أن التجربة خير برهان ودليل، فتجارب الشركات الأمريكية واليابانية في هذا المجال أثبتت العكس، ففي غياب الرسميات لتحل محلها البيئة المتحررة من القيود ذات قنوات الاتصال المفتوحة دون حواجز، ساعدت على تحقيق الأهداف، وذلك بوساطة وجود دافعية وحماسة ورغبة في العمل والأداء لدى الجميع، لأن الانسان بطبيعته ولد حراً، وبالغريزة التي خلقها الله تعالى فيه، يعشق الحرية في كل شيء، وهذا ما تحاول تعزيزه إدارة الجودة الشاملة لدى العنصر البشري في المنظمة، من خلال أسلوب الإدارة الجوالة وتحقيق السيولة التنظيمية.

أسلوب تنفيذ العمل

شعار إدارة الجودة الشاملة هو العمل الجماعي وروح الفريق، فمسؤولية تحقيق الجودة والتميز مسؤولية الجميع، فلا مجال للتنافس غير الشريف، والمصلحة العامة فوق الكل، وحل المشاكل والتحسين لا يكون إلا من خلال التشاور والمشاركة.

إن تحقيق منهجية إدارة الجودة الشاملة في المنظمة، لا يكون إلا من خلال عمل الفريق ورح التعاون، وتحلي الجميع بروح المسؤولية والرقابة الذاتية، لذلك يجب التوضيح لكل من يعمل في المنظمة، أن العمل الفردي والنظرة الجزئية والمصلحة الشخصية لا وجود لهم، فلا مجال للتنافس الشخصي، لأن الجميع يجب عليه أن يعمل للصالح العام. إن هذا التغيير المطلوب في أسلوب تنفيذ العمل، يحتاج إلى إحداث التكامل بين الأهداف الفردية والكلية للمنظمة، من خلال تبني سياسة حفز إنساني جيدة، تساعد على إزالة أي تعارض بينهما، وزرع روح الولاء والانتماء في نفوس جميع العاملين تجاه المنظمة، وكذلك تشجيع روح المنافسة الداخلية الشريفة Honest Internal Competion ، بحيث يسعى الجميع لأن يكون الأفضل في جودة أدائه.

ويتجسد أسلوب العمل الجماعي التعاوني في ثلاث تشكيلات تنظيمية هي ما يلي:

فرق العمل

من الضروري النظر إلى الهيكل التنظيمي للمنظمة على أنه مكون من فرق عمل، فالادارات والأقسام جميعها فرق عمل. ولتتفاعل هذه الفرق مع بعضها ولتعمل بشكل متعاون ومنسق ومتناغم، لابد من كسر الحواجز الادارية التي تشتمل عليها الهياكل التنظيمية التقليدية، فهذا الكسر ـ يتيح لفرق العمل تفعيل نشاطها التعاوني، وتعمل بحرية ومرونة دون عوائق، وقد أشرنا إلى هذه الناحية سابقاً.

الى جانب هذه النظرة العامة لأسلوب العمل الجماعي داخل المنظمة ككل، تحتاج منهجية إدارة الجودة الشاملة الى تشكيل فرق عمل متعددة وحسب الحاجة،

يسند لكل منها مهمة معينة لإنجازها بشكل تعاوني وجماعي، وبالتالي فهذه الفرق نجدها منتشرة في جميع أنحاء المنظمة.

ولكي تنجح فرق العمل في إنجاز مهمتها لابد من مراعاة الجوانب التالية:

• المصلحة العامة فوق المصلحة الشخصية.

• أهداف الفريق توضع بمشاركة جميع أعضائه.

• المسؤولية جماعية عن تحقيق الأهداف.

• التحفيز جماعي.

• لا مجال للتنافس الفردي، بل المنافسة جماعية شريفة تخدم مصلحة العمل وتحقق رضا الزبون، فلا يوجد شيئاً إسمه أنا في فريق كذا.

• الجميع يعملون تجاه غاية مشتركة وهي إرضاء الزبون من خلال تحقيق الجودة الشاملة.

• يُمنح الفريق سلطة كافية لإنجاز مهمته، وبالتالي يحق له إتخاذ قرار جماعي ضمن المهمة المحددة له.

• التعاون ورح الفريق شعار الجميع.

• توفير درجة من الاستقلالية في العمل.

• الاحترام المتبادل والتفاهم مطلب أساسي من جميع أعضاء الفريق.

• إتاحة الفرصة لأعضاء الفريق أن يؤدوا أكثر من عمل في الفريق من أجل أن يتقنوا أكثر من مهارة.

وتمثل شركتا تويوتا وجنرال موتورز لصناعة السيارات نموذجاً ناجحاً لتطبيق أسلوب فرق العمل، حيث قسمتا العمال إلى فرق يتراوح عدد الفريق الواحد بين (٥-٨) أعضاء من أصحاب المهارات المتعددة أو المتنوعة، بحيث تتاح الفرصة للعضو أن يمارس أكثر من مهارة ضمن فريقه. وللفريق إجتماعات دورية يناقشوا خلالها المشاكل ووضع حلول لها، ويدرسون كيف يمكن إدخال التحسينات على العمل والانتاج، وقائد الفريق هو عضو كسائر الأعضاء، يتصف بصفة القيادة. وقد نمّت هاتان الشركتان لدى فرق العمل الاحساس بالمسؤولية والرقابة الذاتية، وأكدتا على مدى أهمية التعاون والاتصال المستمر بين أعضاء الفرق، كعامل مهم في نجاح مهمتها.

حلقات الجودة

هي فرق عمل طوعية إستحدثتها الشركات اليابانية، ثم طبقتها الشركات الأمريكية، يمكن أن تتشكل في جميع المستويات التنظيمية داخل المنظمة، ويمكن لأي عضو في المنظمة بغض النظر عن وظيفته ومنصبه الاداري أن يشترك فيها. وتسعى هذه الحلقات الى دراسة العمليات وتحسينها، ودراسة بعض مشاكل العمل وإقتراح حلول لها، لذلك نجد أن الباب مفتوح أمام حلقات الجودة لتقدم عطاءها في جميع مجالات العمل داخل المنظمة، وبالتالي لا يقتصر عملها على حقل معين. وتجدر الاشارة الى أن أعضاء المنظمة بإمكانهم الإنتساب لأكثر من حلقة في الوقت نفسه.

مقارنة بين فرق العمل وحلقات الجودة

جدول رقم (٣)

عنصر المقارنة	فرق العمل	حلقات الجودة
• شمولية العمل .	تكلف بانجاز عمل أو مهمة كاملة	تكلف بانجاز ناحية معينة كمشكلة أو مسألة معينة صغيرة نسبياً.
• صفة العمل .	غير طوعية فهي جزء من الهيكل التنظيمي	طوعية
• السلطة .	تتخذ قرارات تنفيذية	إستشارية تقدم إقتراحات
• الديمومة .	دائمة	مؤقتة
• العضوية .	ثابتة	متغيرة
• مضمون العمل .	غير متغير	متغير
• الاعضاء .	متجانسون	غير متجانسين من حيث الوظيفة والمنصب الإداري
• طابع العمل .	إداري	ليس لها علاقة بالعمل الاداري
• ميزتها الاساسية .	تنفيذ العمل بشكل جماعي	تطوير العمل بشكل جماعي الى جانب أنها أداة تدريبية

القوى الوظيفية

ويطلق عليها مصطلح **Task Force** هذه القوى عبارة عن جماعات عمل يتم تشكيلها من العمال في قاعدة الهرم التنظيمي، الذين هم المسؤولين عن إنتاج السلعة أو تقديم الخدمة، هذه القوى تسعى الى تحديد المشاكل المشتركة التي تعاني

منها عدة أعمال أو وظائف، ثم تعمل على وضع حلول مشتركة لها. وبالتالي يمكن القول أن هذه القوى الوظيفية تركز على الجوانب العملية التشغيلية، وليس لها علاقة بالنظم والسياسات واتخاذ القرارات، وطابع عملها متحرك وليس ثابتاً.

ولتكون القوى الوظيفية ذات فاعلية يجب أن تتصف بالخصائص

التالية :

● أن يكون لدى أعضاء القوة الوظيفية الخبرة والالمام العملي التشغيلي.

● توفير الحرية الكافية للأعضاء بأن يناقشوا وينتقدوا بصراحة ما يعانيه العمل التشغيلي من مشاكل.

● توفير قاعدة معلوماتية لأعضاء القوة، تمكنهم من دراسة المشاكل ووضع الحلول لها.

● توفير حوافز مجزية لأعضاء القوة الوظيفية تشجعهم على العطاء.

متطلبات منهجية إدارة الجودة الشاملة

يحتاج تطبيق إدارة الجودة الشاملة كنهج إداري شامل، الى توفير عدد من المتطلبات الأساسية، التي تعتبر بمثابة التربة الصالحة والمناخ المناسب لاستقبال وتطبيق هذا النهج. وتجدر الاشارة إلى أن أي خلل في توفير هذه المتطلبات، سينعكس سلباً على نجاح التطبيق، وسنعمد في الصفحات القليلة القادمة الى شرحها وتوضيحها:

دعم الجهات العليا

تطبيق إدارة الجودة الشاملة قرار إستراتيجي هدفه طويل الأجل، يحتاج الى تحديد كيفية الوصول إليه، ومتى يمكن ذلك، هذا الأمر يحتاج الى إقتناع وإيمان بضرورتها، وتوفير الدعم والمؤازرة المادية والمعنوية لها من قبل الجهات العليا في المنظمة.

يتوقف نجاح إدارة الجودة الشاملة وتطبيق منهجيتها، على مدى قناعة وإيمان الجهات العليا في المنظمة بفوائدها وضرورتها، من أجل تحقيق التحسين المستمر في الجودة، وإيجاد مركز تنافسي ـ جيد للمنظمة في السوق، هذه القناعة يجب أن تترجم على شكل دعم ومؤازرة قوية منها لها، على اعتبار أن منهجية إدارة الجودة الشاملة الجديدة وتطبيقها قرار إستراتيجي يمس مستقبل المنظمة، ولا تملك أية جهة فيها صلاحية إتخاذه سواها، فمن غير المتوقع توفير متطلبات التطبيق، وتوفير الحماسة لدى جميع العاملين بمختلف فئاتهم لهذا التطبيق، بمنأى عن قناعة الجهات العليا ودعمها ومؤازرتها للنظام الجديد، فهي التي تملك زمام الأمور، وتملك القدرة على تغيير الفلسفة القديمة التي تسير عليها المنظمة. ويتجسد الدعم والمؤازرة بالإعلان عن تطبيق النظام الجديد أمام جميع المستويات الادارية، ومدى أهمية تغيير الفلسفة والنظام القديمين، وإشعار الجميع بمدى حماسها لهما، وتخصيص الإمكانات المادية والبشرية اللازمة للتطبيق.

التمهيد قبل التطبيق

قبل إدخال منهجية إدارة الجودة الشاملة ووضعها موضع التطبيق، يحتاج الأمر الى زرع القناعة بها لدى جميع من يعمل في المنظمة، فالقبول دون الاقتناع لا يجدي، ذلك لأن القناعة تعزز من الثقة بهذه المنهجية، وهذا يسهل عملية تطبيقها والالتزام بها من قبل العاملين في المنظمة.

لابد قبل إدخال إدارة الجودة الشاملة، وتغيير الثقافة التنظيمية المعمول بها حالياً بثقافة جديدة (كما شرحنا سابقاً) من تهيئة الجو والتمهيد المسبق لهذا التطبيق، ويكون ذلك عن طريق إعداد وتهيئة من يعمل في المنظمة لقبول هذا التغيير، وإحداث القناعة به، فالقبول دون الاقتناع لا يساعد على النجاح، ويخلق جواً مناسباً لظهور المقاومة له. ويمكن إيجاد القناعة عن طريق: شرح النظام الجديد والثقافة الجديدة في ندوات ومحاضرات عامة، وتوفير برامج تعليم وتدريب، لتوضيح كيف أن النهج الجديد هو ضرورة حتمية، لتساير المنظمة التطورات الحديثة. إن القناعة مطلب أساسي فهي تساعد على زرع الثقة بالنظام الجديد، والحصول على التعاون والالتزام في التطبيق من كل من يعمل في المنظمة.

تعميق فكرة أن العميل يدير المنظمة

العميل أو الزبون هو نقطة البداية ونقطة النهاية، فعند حاجاته ورغباته يبدأ العمل، وعند إشباعها ينتهي، فرضاه هو الهدف الأول والأخير، وعنده تدور الجهود. وتحقيقاً لهذه الغاية، يجب إنتاج سلعة (أو تقديم خدمة) تلبي حاجاته ورغباته، وتفي توقعاته، وتدخل السعادة الى نفسه.

كانت الادارة التقليدية في السابق تتجاهل العميل، وتنظر اليه على أنه لا يعرف شيئاً، وهي التي يجب أن تقوده، فهو لا يعرف مصلحته ويمكن تجاهل آراءه، وبعض المنظمات كانت تعتبره مصدر إزعاج لها، وتحاول أن ترضيه لكن على مضض. أما إدارة الجودة الشاملة فتنظر الى مسألة إرضاء الزبون على أنها الأساس، فالمنافسة اليوم على أوجها في الأسواق الداخلية والعالمية، وأي خلل في مسألة رضاه، يعني توجه العميل للمنافسين الآخرين، وفي هذه الحالة ستكون الخسارة أكيدة وحتمية. فاستراتيجية إدارة الجودة الشاملة، تسعى لإدخال العميل في أمور شتى، فآراءه ومقترحاته (هذا الى جانب حاجاته ورغباته وتوقعاته) يجب أن تؤخذ بعين الاعتبار سواء في التصميم، أو التنفيذ، أو التسويق، أو الصيانة، أو خدمات ما بعد البيع، تحت شعار هو: "العميل يدير المنظمة من خلال ما يريد ويرغب ويتوقع". هذا التوجه يجب ألا يكون عبارة عن شعارات بل أن يكون حقيقة واقعة، فالقرب اللصيق من العميل ضرورة حتمية، لمعرفة ما يريده، وبالتالي تقديم ما يرضيه، فهو الهدف الأول والأخير كما أوضحنا.

خلاصة القول يمكننا أن نستنتج مما تقدم النقطتين التاليتين :

١- رضا الزبون هو الشرعية التي تتم من خلالها عملية إتخاذ القرارات وتصميم وتنفيذ كافة العمليات أو الأنشطة على اختلاف أنواعها.

٢- الحصول على رضا الزبون يعني نجاح وبقاء المنظمة، فتحقيق الرضا لديه يعني الحصول على ولائه التام لمنتجات (أو خدمات) المنظمة، مما يثبت حصتها في السوق، ويجذب لها زبائن جدد، وهذا يزيد من هذه الحصة على المدى الطويل، ويزيد من أرباحها، ويعزز من فرص بقائها واستمرارها.

في ضوء المفهوم السابق وهو أن المنظمة في خدمة عملائها، نجد أن على منهجية إدارة الجودة الشاملة إتباع الخطوات التالية عندما تريد تلبية ما يريدونه ويتوقعونه منها:

- تحديد العملاء المستهدفين الذين سوف تقدم المنظمة سلعتها أو خدمتها لهم.
- تحديد حاجات ورغبات وتوقعات هؤلاء العملاء.
- تصميم السلعة أو الخدمة بشكل تلبي مطالب العملاء وتوقعاتهم.
- تصميم العمليات الانتاجية وغيرها، بشكل يؤدي الى إنتاج سلعة أو تقديم خدمة وفق التصميم المطلوب الذي يرضي الزبائن.

تنميط العمليات

تنميط العمليات، يرفع من مستوى جودة الأداء، ويجعله يتم بطريقة أسهل، ويسهم في تخفيض التكاليف، من خلال جعل العمل يتم باسلوب واحد، مما يرفع من درجة المهارة عموماً داخل المنظمة.

يعد تنميط العمليات (وخاصة الانتاجية) مرحلة لاحقة لتصميمها، ومطلباً من مطالب تطبيق منهجية إدارة الجودة الشاملة، فهو يهدف إلى توحيد الطرق والإجراءات في كافة مجالات العمل داخل المنظمة، وجعلها تتم وفق نمط واحد مهما تغير الموظفون أو العمال، والغاية من هذا التوحيد ما يلي:

- تسريع العمل.
- زيادة المهارة في الأداء.
- تقليل التكلفة.
- الإسهام في إستقرار العمل والانتاج.
- رفع مستوى الجودة.
- تلبية رغبات ومطالب العملاء بأعلى كفاءة وتحقيق الرضا لديهم.

وتنميط العمليات في ظل إدارة الجودة الشاملة، يجب أن يكون عاماً شاملاً لجميع العمليات التي تتم في المنظمة، فالمعروف أن كل وحدة إدارية تقوم بعملية معينة، هذه العملية يجب تنميط طرق وإجراءات تنفيذها، وكذلك تنميط مستلزماتها، ولعل إدارة الانتاج وما تنتجه من سلع أو ما تقدمه من خدمات (في المنظمات

الخدمية) أهم وحدة إدارية في المنظمة تحتاج إلى تنميط عملياتها الإنتاجية ومستلزمات العمل فيها، الآلات، والمعدات، المواد..الخ

ويعتقد البعض أن المنظمات الصناعية هي وحدها فقط التي تحتاج إلى هذا التنميط، باعتبارها تنتج سلعاً، ولديها عمليات إنتاجية. إن هذا الاعتقاد خاطىء، لأن التنميط مطلب أيضاً لادارة الجودة الشاملة التي تطبق في المنشآت الخدمية. فعلى سبيل المثال عمدت شركة "ماكدونالدز" في الآونة الأخيرة الى تنميط عمليات تقديم خدماتها الى زبائنها، حيث قامت بتوحيد إجراءات إستلام الطلبات من الزبائن، وتسليمهم لما يريدونه من مأكولات، فقد أصبح لها بروتوكول نمطي موحد تلتزم به جميع فروعها، هذا البروتوكول يحتوي على جوانب نمطية أهمها ما يلي:

- تحديد مدة زمنية معيارية موحدة لقلي كل صنف من أصناف المأكولات التي تقدمها لزبائنها.
- تحديد درجة حرارة معينة واحدة لقلي أصناف المأكولات.
- وضع طرق نمطية موحدة لتحضير وتجهيز المأكولات.
- وضع طريقة نمطية لتغليف المأكولات.
- إستخدام مواد نمطية في تحضير المأكولات وتقديمها للزبائن.
- إستخدام عبوات واحدة وبنفس الأحجام لتغليف الأطعمة.

ونود الاشارة أخيراً إلى نقطتين في هذا المجال هما:

- يحتاج التنميط في ظل إدارة الجودة الشاملة الى إعادة النظر فيه بين الحين والآخر، وذلك للتكيف مع التغير الذي يحدث في حاجات ورغبات الزبائن.
- يحتاج تنميط العمليات الى تدريب الموظفين والعمال على تطبيقه وإستخدامه، لجعل عملية الأداء موحدة من قبل الجميع.

شمولية واستمرارية الرقابة

الرقابة عملية متكاملة مكونة من: متابعة، وجمع معلومات، ومن ثم التقييم، الذي في ضوئه تتم معالجة الإنحرافات، وإدخال التحسينات، والرقابة تشمل كافة مجالات العمل في المنظمة، وهي عملية مستمرة.

يتطلب تطبيق منهجية إدارة الجودة الشاملة تبني أسلوب المتابعة والتقييم المستمرين لأداء العمل في كافة المجالات والمستويات، وذلك لتعرف المنظمة هل تسير نحو معايير الجودة التي وضعتها من أجل تحقيق رضا الزبون وتلبية توقعاته أم لا؟ فالشمولية والإستمرارية تساعدانها على كشف أي إنحراف عن مستوى الجودة المقرر، والتدخل الفوري والسريع لتصحيح الإنحراف في الوقت المناسب. ونعرض فيما يلي بعض الجوانب الإرشادية في هذا المجال:

- ضرورة تغيير مفهوم عملية الرقابة والتقييم من المفهوم التقليدي الذي يتمثل بتصيد الأخطاء من أجل محاسبة ومعاقبة المسؤول، الى هدف يخدم أغراض إدارة الجودة الشاملة، وهو مفهوم تقديم المساعدة المناسبة لحل المشاكل وعلاج الإنحرافات، تحقيقاً لغايات التطوير والتحسين المستمرين، وبمعنى آخر التحول من اللوم والعقاب الى المساعدة ومد يد العون للاصلاح والتطوير والتحسين.
- يجب أن تتصف المتابعة والتقييم (الرقابة) بالشمولية أي أن يشملا كل شيء، ذلك لأن المنظمة نظام كلي مكون من أنظمة فرعية متكاملة يتأثر أداؤها ببعضها البعض، فأي إنحراف في نظام فرعي ستتأثر به باقي الأنشطة الفرعية

الأخرى، وتتأثر بالتالي جودة العمل الكلية في المنظمة، التي تنعكس سلباً على رضا الزبون.

- يجب أن تكون عملية المتابعة والتقييم مستمرة تماشياً مع أو تحقيقاً لأهداف الرقابة الوقائية (إكتشاف الانحراف قبل وقوعه) فدرهم وقاية خير من قنطار علاج.
- تحتاج عملية التقييم إلى جمع معلومات وفيرة عن كل شيء يعمل داخل المنظمة، فهذه الوفرة تعطي وضوحاً وسهولة أكثر لعملية التقييم ونتائجها.
- تحتاج عملية التقييم الجيدة الى توخي الدقة والموضوعية، فنتائجها سيبنى عليها قرارات تصحيحية هامة.
- تحتاج عملية التقييم إلى وضع معايير مدروسة تبين وتوضح لنا مدى الانجاز الذي تم تحقيقه، ونقاط الضعف التي تحتاج إلى علاج وإستدراك، ونقاط القوة للعمل على تدعيمها، ولعل أهم معيار للتقييم هو مدى رضا الزبون، أي ما هي الجوانب التي تجعله راضياً أم غير راضٍ.
- توعية العاملين وتوضيح أهمية التقييم الذاتي لأدائهم وإنجازاتهم، فهذا يشعرهم بالمسؤولية الذاتية.

تبني أسلوب تفتيت المشكلة

لا يتناسب الأسلوب التقليدي الفردي في حل المشاكل العامة مع منهجية إدارة الجودة الشاملة، لأنه يعتمد على تحويلها الى الادارة العليا من أجل دراستها ووضع حلول لها، فرجال هذا المستوى الاداري مشغولون دائما، ووقتهم ضيق لا يتسع لدراستها بشكل كافي، والتوصل إلى حل جيد متكامل، يشمل جميع أبعادها.

يعمل هذا الأسلوب على تجزئة المشكلة الرئيسية أو العامة إلى أجـزاء، وتكـوين فرق عمل يناط بكل منها دراسة جـزء منهـا ووضـع حـل وعـلاج لهـا، ويفـوض الفريـق السلطة الكافية واللازمة للقيام بذلك. وبعد أن تصل الفرق إلى حلـول لأجـزاء المشـكلة، يشكل فريق عمل مكون من أعضاء تمثل الفرق التي وضـعت الحلـول الجزئيـة، بحيـث يكون لكل منها ممثلاً في هـذا الفريـق، الـذي تكـون مهمتـه دراسـة وتجميـع وتنسـيق الحلول الجزئية، من أجل التوصل إلى الحل الكلي للمشكلة الرئيسية التي جرى تجزأتهـا، وهذه الفرق لا تظهر في الهيكـل التنظيمـي للمنظمـة، حيـث بعـد إنتهـاء الفريـق مـن مهمته يعود الأعضاء الى أعمالهم الأصلية.

ولتحقيق هذه الفرق النجاح في مهمتها تحتاج أن يتوفر لها ما يلي:

- السلطة الكافية.
- المرونة وحرية الحركة والقضاء على كل ما يعيق عملها من قيود بيروقراطية، التـي إذا وجدت تحولت هذه الفرق إلى لجان، وانتهت الغاية من وراء تشكليها.
- التحفيز الجيد.
- تحديد مدة زمنية كافية من أجل دراسة جزء المشكلة والتوصـل الى حـل مناسـب له.
- ألا يكون عدد أعضاء الفريق الواحد كبيرا.
- أن يقوم إختيار أعضاء الفريق على أساس الخبرة والمهارة.

نخلص مما تقدم أن أسلوب تفتيت المشكلة وحلها من خلال فرق عمل صغيرة، يًسهل ويُسرع من عملية حلها، وتكون الحلول أكثر فاعلية، نتيجة المشاركة وروح العمل الجماعي التعاوني.

تحقيق جودة التكاليف

تنظر الادارة التقليدية إلى مسألة التكاليف نظرة عامة، حيث تؤكد على ضرورة ضبطها، لاعتقادها بأن هذا الضبط يسهم بشكل فعال في تخفيض سعر السلعة أو تقديم الخدمة، ويزيد من قدرة المنظمة على المنافسة. في حين أن إدارة الجودة الشاملة تنظر الى مسألة التكاليف على أنها مسألة أعمق من ذلك، فهي تنظر إليها من زاوية التكلفة والعائد.

عندما نتحدث عن مسألة التكاليف في ظل منهجية إدارة الجودة الشاملة، فإننا نميز بين نوعين منها هي:

تكاليف إيجابية

Positive Costs وهي النفقات التي تصرفها المنظمة وتحقق من ورائها عائداً أو قيمة تضاف للقيمة الكلية المحققة، التي يعبر عنها بالمخرجات **Outputs**. هذا النوع من التكاليف لا خطر منه، وتعتبر نفقاته إستثمارية لأن لها عائد، ومثال عليها: نفقات التدريب، والحوافز، وكذلك النفقات التي تصرف من أجل منع وقوع أخطاء في عمليات التصنيع من خلال عمليات الرقابة على الجودة، وأيضاً النفقات التي تصرف في سبيل تطوير وتحسين المنتج أو الخدمة وإرضاء الزبائن..الخ

تكاليف سلبية

Negative Costs ويقصد بها النفقات التي تصرف ولا يتحقق منها عائداً أو قيمة، وأيضاً النفقات التي تتحملها المنظمة نتيجة الهدر والاسراف في إستخدام الموارد (المدخلات **Inputs**) وعلى إختلاف أنواعها، ومن أمثلة هذا النوع من التكاليف ما يلي:

- توفير مواد ومستلزمات للعمل زيادة عن حاجة المنظمة، مما يرفع من تكلفة التخزين دون مبرر.
- التكاليف التي تتحملها المنظمة بسبب الأخطاء التي تقع في عمليات التصنيع (أو تقديم الخدمة) وتشتمل على ما يلي:
  - قيمة المواد.
  - تكلفة الزمن الضائع لتلافي هذه الأخطاء.
  - تكلفة عدم رضا الزبون في حالة وصول السلعة أو الخدمة إليه وفيها عيوب.
- إنجاز العمليات بوقت أكثر مما هو لازم، لعدم تطبيق مبادىء وقواعد إدارة الوقت.
- بوجه عام صرف نفقات وإضاعة وقت في مجالات لا تحقق عائداً.

ونود الإشارة في هذا المجال إلى نقطة هامة مفادها: وجود علاقة عكسية بين التكاليف الإيجابية والتكاليف السلبية، إذ كلما زادت الأولى أدى ذلك إلى تناقص الثانية. فعلى سبيل المثال عند قيام المنظمة بإنفاق تكاليف على تحسين

الرقابة على الانتاج (تكاليف إيجابية) ستقل الأخطاء، وتقل معها عدد الوحدات المنتجة المعيبة، وبالتالي سيقلل ذلك من التكاليف السلبية.

وبوجه عام يمكن القول أن المنظمة التي تود تطبيق إدارة الجودة الشاملة، عليها أن تسعى إلى ضبط التكاليف عامة، وبشكل خاص تلك التي لا يتحقق منها عائداً وهي التكاليف السلبية، لأنها لا تسهم في تحقيق الجودة والرضا لدى العملاء. وعند علاج التكاليف السلبية، يجب ألا يكون على أساس الأعراض، بل أن تكون المعالجة على أساس الدراسة والتحليل، للوصول الى الأسباب التي أدت إلى وجودها ثم العمل على تلافيها ومنع ظهورها ثانية، وهذا يتطلب وجود نظام محاسبة تكاليف متطور وفعال، ليقوم بهذه المهمة الحساسة والصعبة.

تجربة السلعة من قبل العميل

تجربة السلعة من قبل العميل قبل تقديمها إليه بشكلها النهائي وللسوق، تنهي مسألة الحظ والتكهن والتخمين، فمن خلالها نرى كل شيء على أرض الواقع، وإحتمالات الفشل تقل، وبالتالي فالتجربة تساعد على الإرتقاء بمستوى الجودة الى أعلى مستوياتها، وتحقيق التميز، ذلك لأن التجربة امتحان فعلي لجودة السلعة أو الخدمة.

تكاملاً مع موضوع التغذية العكسية الذي سنبحثه لاحقاً، نعرض موضوع تجربة السلعة أو الخدمة من العميل قبل تقديمها له بشكلها النهائي، فقد تبنت عدة شركات عالمية كبيرة تطبق منهجية إدارة الجودة الشاملة فكرة مفادها ما يلي:

" قبل أن نسوق السلعة أو الخدمة لعملائنا، علينا تجربتها من قبلهم، لنكتشف الثغرات فيهما من خلال آرائهم وتقيمهم لها" قد يعترض بعضهم بأن هذا الأسلوب له تكلفة، هذا صحيح لكن هذه التكلفة لا تقارن بشيء عندما تُكتشف الثغرات ويتم تلافيها قبل وضع السلعة أو الخدمة في السوق، أي قبل تحويل الإختراع والتفكير والإبداع الى منتج نهائي. فباسلوب التجربة تضمن المنظمة أن سلعتها أو خدمتها التي تقدمها لعملائها خالية تماماً من العيوب، وتتأكد من تحقيق الرضا العالي لديهم، الذي عبرنا عنه بأنه هو إستراتيجيتها المستقبلية في مجال تطبيقها لمنهجية إدارة الجودة الشاملة. فالتجربة تساعد على تحقيق التميز، وتحفز المعنيين على التطوير والتحسين بإستمرار، مما يسهم إسهاماً فعالاً في تنمية الابتكار والابداع لدى المصمم والمسوق..الخ، ذلك لأنها امتحان ودليل على أي من الأفكار نجحت وأي لم تنجح، فالتجربة تضع تصميم السلعة وإنتاجها موضع التطبيق العملي والفعلي، فالرؤية والتخطيط يختلفان في كثير من الأحيان عن الواقع. ومن أبرز الشركات التي لجأت الى أسلوب التجربة هي شركة "ماكدونالدز" التي تعدل الخدمة والمنتج (مأكولات) أكثر من مرة قبل تقديمها للمستهلك بشكلها النهائي.

ونود الاشارة في هذا المقام، الى أن عملية التجربة تحتاج من إدارة المنظمة التحمل والصبر وتقبل الأخطاء وعدم الهروب منها، فعليها أن تتوقع كل شيء من ورائها، تحت شعار هو "توقع كل شيء خلال التجربة"، كما عليها الابتعاد عن التحيز في عملية تقييم نتائج التجربة، وإلا ستصل الى نتائج مضللة. ويمكن القول أخيراً بأن عملية التجربة وتحقيق غايتها يحتاج من المنظمة الى التدخل السريع عند إكتشاف الأخطاء، وذلك من أجل إدخال التغييرات المطلوبة على السلعة أو الخدمة بعد تجربتها من قبل العملاء، لأن التأخير يعني تقدم المنافسين علينا.

سياسة دمج العاملين

تؤكد إدارة الجودة الشاملة على تغيير تسـمية المشـاركة **Participation** لتصبـح دمـج العـاملين **Employees Involvement**، ذلـك لأن المصـطلح الثـاني أكثر عمقـاً في معناه، وأكثر دلالة على أهمية المشاركة. فسياسة الدمج تعني إشراك جميـع العـاملين في كل شيء، في إتخاذ القرارات، وحل المشاكل، وعمليات التحسين..الخ وذلـك وفـق منطـق ومنهجية الإدارة بالأهداف **Management By Objectives**

أشرنا في مكان سابق من هذا الكتاب، بأن السمة الرئيسية التي تتصف بها منهجية إدارة الجودة الشاملة هي: التعاون والعمل الجماعي وروح الفريق، فبناء عليه يمكن القول بأن شعار المنظمة التي تطبق هذه المنهجية هو تبني سياسة "دمج العاملين"، التي تؤكد على إشراكهم في كل شيء. من هذا المنطلق نجد أن إدارة الجودة الشاملة بحاجة ماسة إلى أن تنتهج مبدأ ديموقراطية الادارة في كافة المجالات، التي تقوم على مبدأ دمج العاملين في المنظمة وعلى كافة المستويات في عمليات إتخاذ القرارات، وحل المشاكل، وتصميم المنتج، وإقتراح الحلول من أجل التطوير والتحسين، وتحميلهم المسؤولية، وإشعارهم بأنهم جزء من المنظمة. فالمنظمة التي تريد أن تنهج وتطبق النمط الديكتاتوري وعدم تبني سياسة دمج العاملين، من الأفضل لها أن تلغي فكرة تطبيق إدارة الجودة الشاملة، ذلك لأن الدمج جزء حيوي في الثقافة التنظيمية الجديدة للمنظمة.

ونود الاشارة في هذا المجال الى ضرورة التركيز على المنفذين (غير الرؤساء) في قاعدة الهرم التنظيمي **Bottom Line** بشأن عملية الدمج، فهؤلاء هم الذين سينفذون العمل، وتحقيق الجودة يعتمد عليهم بشكل أساسي، وبدونهم لا

يمكن تحقيقها، لذلك يجب إشراكهم في حل المشاكل وإتخاذ القرارات، وتوعيتهم، وتدريبهم، وتأهيلهم من أجل أن يشاركوا بفاعلية في تطبيق منهجية إدارة الجودة الشاملة، ولابد من جعل قنوات الإتصال مفتوحة بينهم وبين المستويات الادارية وخاصة العليا. وللدلالة على أهمية هذه الناحية، فقد اقترح "توم بيترز" أحد رواد إدارة الجودة الشاملة، أن يكون شكل الهرم التنظيمي مقلوباً على النحو المبين في الشكل التالي:

شكل رقم (٧)

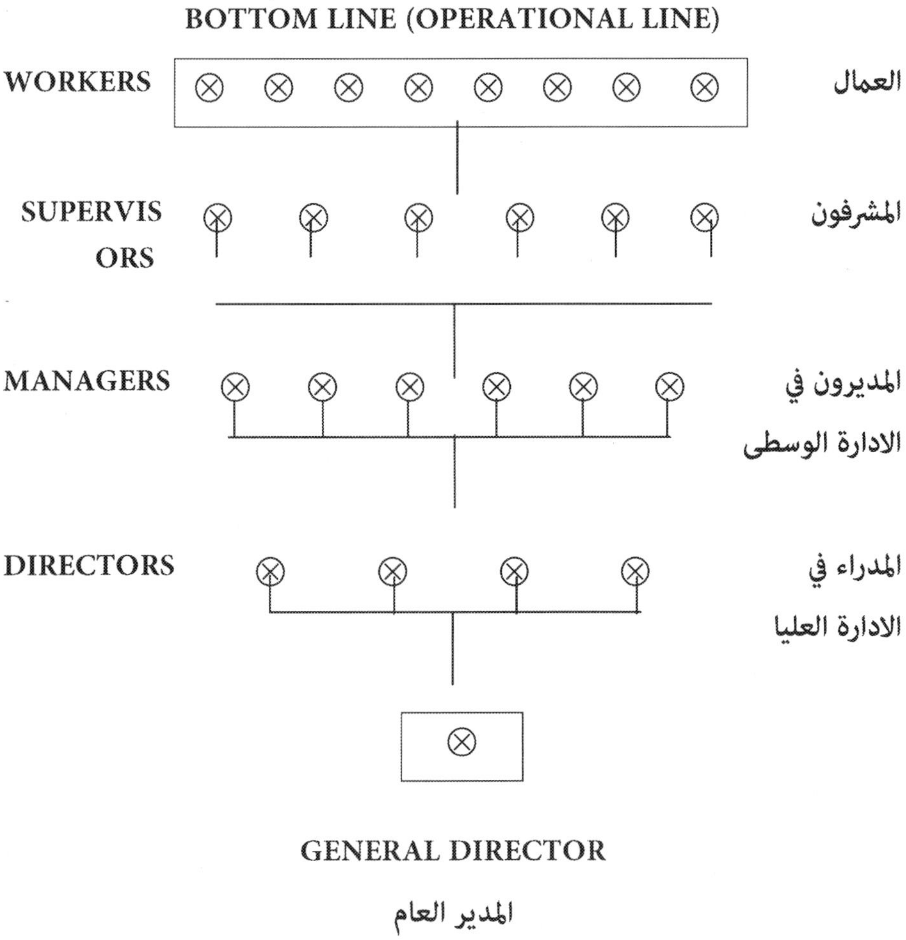

BOTTOM LINE (OPERATIONAL LINE)

| WORKERS | العمال |

| SUPERVIS ORS | المشرفون |

| MANAGERS | المديرون في الادارة الوسطى |

| DIRECTORS | المدراء في الادارة العليا |

GENERAL DIRECTOR

المدير العام

وحول أهمية إدماج العاملين نعـرض للقـارىء التجربـة التاليـة التـي مـرت بهـا شركـة "كرايسـلر" **Chrysler** الأمريكيـة لصـناعة السـيارات، التـي تجاهلـت ولمـدة (٧) سنوات سماع رأي أحد الفنيين العاملين على خط الانتـاج، حـول ضرورة تعـديل تصـميم مقاعد السيارة، الى أن اتضح لها بعد ذلك بأن التصميم الذي قدمه هـذا الفنـي هـو مـا يريده المستهلك، وأن السوق أصبح يطلب ذلك، وهـذا مـا جعلهـا تتـأخر عـن الشركات الأخرى المنافسة في تلبية رغبات زبائنها، وخسارة جزء من حصتها في السوق. لذلك نـرى مدى أهمية عملية الدمج، ومدى أهمية تقبـل الآراء وسـماعها، وتشـجيع المبـادأة لـدى جميـع العـاملين، فمـن لديـه فكـرة للتطـوير والتحسـين، فلندعـه يشـارك ويبـدي رأيـه ونشجعه على ذلك، فالدمج ليس مسألة شعار وحبر على ورق، بل هو واقع تطلبه إدارة الجودة الشاملة.

يتضح مما سبق مدى ضرورة التركيز على مسألة دمج الخط التنفيذي الأول (قاعدة الهرم التنظيمي)، لأن العمال في هذا الخط هم أول من تقع عليهم مسؤولية تحقيق الجودة في السلعة أو الخدمة، التي يقوم عليها رضا العملاء. فالمعلومات الرقابية القادمة من هذا الخط للمستويات الإدارية العليا هامة جدا، حيث في ضوئها يمكن أن تتم عمليات التقييم وتصحيح الأخطاء وإدخال التحسينات المستمرة، فهذا الخط هو القادر فقط على وضع هذه التحسينات موضع التنفيذ الصحيح، وهو القادر على ضبط التكاليف وتحقيق الجودة ورضا العملاء كتحصيل حاصل. فما يخطط له فريق الإدارة العليا، ما هو في الواقع إلا عبارة عن فرص تهيء للعمال (الخط التنفيذي) لأن يفكروا ويبدعوا ويحسنوا، فاذا لم يفعلوا ذلك، ذهبت هذه الفرص مهب الريح.

من هذا المنطلق تطلب إدارة الجـودة الشـاملة تحفيـز وتشـجيع العـمال عـلى المشاركة، وتوفير الفرصة لهم للإفصاح عما لديهم، وإعطائهم المرونة الكافيـة في عملهـم، فهؤلاء يدهم في العمل مباشرة، ولديهم أفكاراً عملية وواقعية يجب الاستفادة

منها في عمليات التحسين وحل المشاكل، فادخال أي تغيير لابد أن يكون من خلالهم، وبالتالي نجد أن مسألة إدماجهم في جميع الأمور التنفيذية أمر حتمي وضروري ولا غنى عنه.

ولتفعيل سياسة الادماج، نرى أنه من الأهمية بمكان إطلاع العاملين وبشكل مستمر على وضع المنظمة في السوق، والمنافسة ونتائجها الحالية، ونجاحاتها، فالاطلاع يجعلهم باستمرار في قلب الحدث، ويشعرهم بأهميتهم، ويجعلهم يندمجون في المنظمة ويقدرون ظروفها، وبالتالي نجد أن هذا الأمر ضروري جدا بالنسبة للعمال، لأنه يرفع من معنوياتهم.

المسؤولية الأخلاقية والاجتماعية

المحافظة على قضايا البيئة والمجتمع جزء أساسي من فلسفة إدارة الجودة الشاملة، فالمنظمات التي تطبق هذه الفلسفة عليها واجب أخلاقي هو: انتاج سلع وتقديم خدمات لا تضر بالبيئة وبالصحة العامة، وإن كان لا مفر من ذلك، عليها أن تسعى جاهدة لأن تخفف هذا الضرر إلى أدنى حد ممكن وتعويض المجتمع عن ذلك. فادارة الجودة الشاملة وقضايا البيئة والمجتمع، هما وجهان لعملة نقدية واحدة، وقد أُقترح تغيير مصطلح TQM الى TQEM إختصاراً لـ : Total Quality Enviroment Management ، وذلك دلالة على مدى تركيزها على قضايا البيئة والمجتمع.

يشير مصطلح المسؤولية الاخلاقية والاجتماعية **Ethics And Social Responsibility** لمنظمات الأعمال، إلى أنها مفهوم منبثق من مفاهيم التضامن في المجتمع، الذي من خلاله تسعى المنظمات بوساطة إمكاناتها المادية والبشرية أن تقدم له الحلول للمشكلات التي يعاني منها، وكذلك المنفعة وعدم الإضرار به عند ممارستها لأنشطتها الانتاجية والخدمية. ويمكن القول بوجه عام بأن موضوع المسؤولية الأخلاقية والاجتماعية قد أصبح موضوع الساعة الآن لما له من أهمية، وذلك بسبب ما تعانيه الكرة الأرضية من تلوث وإضرار بها. في ضوء ذلك أصبح هذا الموضوع مطلباً أساسياً في ظل منهجية إدارة الجودة الشاملة وجزء من رسالة المنظمات التي تطبق هذه المنهجية. ويشير مصطلح المسؤولية الاخلاقية والاجتماعية، الى مجموعة من التصرفات السلوكية المادية والمعنوية التي تتصل بقضايا عريضة تهم البيئة مثل: التلوث، الفقر، البطالة، التضخم.. الخ. وطبقاً لذلك فالمنظمة التي تساهم بممارساتها في إحداث التلوث البيئي، وسوء إستخدام الثروات الطبيعية وما شابه ذلك، لا تقدر مسؤوليتها الأخلاقية والاجتماعية تجاه البيئة التي تعيش في كنفها. وخلاصة القول فإن المنظمات لم تعد حرة في تصرفاتها تجاه البيئة، بل يحكمها مسؤولية أخلاقية وإجتماعية، إما أن تكون طوعية نابعة من قناعة إدارتها بأن البيئة لها دين عليها، أو أن تكون إلزامية مفروضة بموجب قوانين داخلية أو خارجية دولية.

وفي ظل إدارة الجودة الشاملة وفلسفتها وما تشتمل عليه من مفاهيم، يتوقع زبائن المنظمة منها القيام بتصرفات أخلاقية تجاه البيئة، وذلك بانتاج سلع وخدمات ذات جودة عالية وبأسعار مناسبة، والمحافظة على سلامة البيئة من التلوث، لكي لا يقع ضرر على الصحة العامة. وبالطبع هذا التوجه هو خير دعاية تقوم بها المنظمة لنفسها، حيث ستحظى على رضا زبائنها وتقديرهم لها وثقتهم بها، وقد راحت

كبرى الشركات العالمية الأمريكية بوضع برامج لهذه الغاية، نعرض ملخصاً عنها على سبيل المثال وليس الحصر:

- تقديم خدمات ثقافية، ومنح دراسية، وتبرعات، وإعانات، على شكل خطة سنوية يمكن إشراك المجتمع المحلي في وضعها.

- إطلاع المجتمع على نشاط المنظمة وممارساتها والسبل التي سوف تستخدمها من أجل منع تلوث البيئة.

- الإلتزام بالصدق والأمانة في جميع تعاملات المنظمة مع الغير.

- إحترام القوانين والتشريعات الحكومية والدولية، وخاصة فيما يتعلق بأمور الصحة العامة والتلوث البيئي.

- المحافظة على الثروات الطبيعية وعدم إستخدامها بشكل سيء.

- تقديم تبرعات للجمعيات الخيرية.

- تقديم إعانات للبلدان الفقيرة.

من خلال ما تقدم يمكن القول أن المسؤولية الأخلاقية والإجتماعية في ظل إدارة الجودة الشاملة، جزء لا يتجزأ من رسالة المنظمة وفلسفتها الجديدة، ومطلب لتطبيقها.

التحسينات المستمرة

تقوم منهجية إدارة الجودة الشاملة وإستراتيجيتها، على إدخال تحسينات مستمرة على كافة مجالات العمل في المنظمة، وذلك من أجل التكيف الدائم مع المتغيرات التي تحدث في بيئتي المنظمة الداخلية والخارجية، وعلى الأخص تلك

التغيرات التي تحدث لدى عملائها. وسنعرض في الصفحات القادمة مجموعة من هذه التحسينات التي تعتبر بمثابة ركائز تقوم عليها إدارة الجودة الشاملة.

إن التحسين المستمر مطلب أساسي لنجاح إدارة الجودة الشاملة، ذلك لأنه يجعل المنظمة في حالة تفوق وتميز مستمرين على الآخرين، فالتحسين ليس بالعمل الوقتي الذي ينفذ عدة مرات طوال حياة المنظمة، بل هو عمل مستمر، لأن الآخرين (المنافسون) يقومون بنفس الشيء وأي تأخير يعني التراجع للوراء وإعطاء الفرصة للمنافسين للتفوق علينا. وعملية التحسين عملية شاملة يشترك فيها جميع العاملين في كافة المستويات الادارية.

التحسين المستمر للجودة

التحسين المستمر للجودة هو أن نأتي بالجديد والأحسن بشكل دائم، فالجديد والأفضل هما رمز التميز وبالتالي البقاء والاستمرار، فالبقاء على القديم يعني الزوال، فالتحسين هو القلب النابض لادارة الجودة الشاملة، ولا يقف عند حد معين، ويشمل كافة العمليات.

للدلالة على مدى فائدة عمليات تحسين الجودة ، نعرض للقارىء موجزاً عن تجربة شركة "موتورولا **Motorola** " في هذا المجال، حيث حققت فرق التحسين لديها فوائد متعددة زادت من مقدرتها التنافسية، وأهم هذه الفوائد ما يلي:

- خفضت من حجم الورقيات المستخدمة في مجال العمل بفروعها، خاصة في الشراء والبيع والفواتير المستخدمة في هذين المجالين باستخدام الحاسب الآلي، حيث ألغت تقريباً العمل الورقي اليدوي من قبل الموظفين.

- خفضت زمن وصول المواد من الموردين من (٨) أسابيع الى (٣) أسابيع.

- حسنت من الخدمات المقدمة لعملائها مع تخفيض تكلفتها.

- حسنت من مستوى جودة منتجاتها.

وقد بلغت الوفورات التي حققتها هذه الشركة في جميع فروعها مبلغ (٢،٢) بليون دولار سنويا، بالطبع رقم خيالي.

نستنتج من ذلك أن التحسين المستمر للجودة يشكل في الواقع العمود الفقري لإدارة الجودة الشاملة، فهو يضمن للمنظمة البقاء، ويأخذ هذا التحسين شكل السلسلة ذات الحلقات المترابطة مع بعضها البعض، حيث تؤدي كل حلقة فيها إلى الحلقة التالية وهكذا، وقد أسماها "إدوارد ديمنج" رائد الجودة الأمريكي بسلسلة أو دائرة تحسين الجودة المستمر، ونعرض فيما يلي شكلاً يوضح لنا مفهوم هذه السلسلة وفوائدها:

شكل رقم (٨)

شكل رقم (٨)

بعد التوضيح السابق للمفهوم العام لتحسين الجودة المستمر وفوائده، نعرض فيما يلي متطلبات ومبادىء هذا التحسين.

متطلبات تحسين الجودة المستمر

- تحديد أهداف التحسين.

- تحديد متطلبات التحسين المادية والبشرية على شكل خطة عمل (تخطيط التحسين).

- توفير الدعم الدائم والمستمر من قبل الادارة العليا.

- تشكيل لجنة عليا لتنسيق عمليات التحسين.

- تشكيل فرق التحسين وتحديد سلطاتها ومسؤولياتها.

- جعل قنوات الاتصال مفتوحة أمام كل من يعمل في مجال التحسين.

- التحفيز الدائم والمستمر للعنصر البشري.

مبادىء تحسين الجودة المستمر

- ليس للتحسين نهاية، فهو مستمر طالما المنظمة قائمة، وهو من متطلبات وجودها.

- التحسين عملية شاملة لأن الجودة لا تتجزأ، وبالتالي فهي تشتمل على:

  - عناصر المدخلات.
  - مراحل وعمليات تحويل المدخلات إلى مخرجات.
  - كافة عمليات إنتقال السلعة أو الخدمة للعملاء.

- تحتاج عملية التحسين إلى جهود جميع من يعمل في المنظمة.

- الذي ينكسر لا نقوم بإصلاحه، بل نستبدله بشيء جديد متطور، فالتحسين لا يعني الترميم.

- لا يعني عدم وجود أخطاء عدم وجود حاجة للتحسين.

"Just Because It Is Not Broke Doesn't Mean It Can't Be Improved"

- العمل الجماعي والمشاركة لأن التحسين مسؤولية الجميع.

- إستغلال الوقت، لكي نسبق المنافسين وتكون الأولوية لنا.

مداخل تحسين الجودة المستمر

نود الاشارة ونحن في هذا المقام إلى وجود إتجاهين (مدخلين) في مجال التحسين المستمر للجودة، الأول ياباني، والثاني أمريكي، وسوف نعمد فيما يلي الى شرح كل منهما بشيء من الايجاز:

الاتجاه الياباني

ويطلق عليه تسمية أسلوب "Kaizen" الذي ينظر إلى عملية التحسين على أنها عملية تأتي بشكل تدريجي أي على شكل خطوات صغيرة Little Stepes مدروسة بشكل جيد ومتأني، ومتتالية ومتلاحقة وبشكل مستمر. فاليابانيون ينظرون إلى عملية التحسين المستمر للجودة على أنها عملية تراكمية لا تأتي دفعة واحدة بل على دفعات، ويركزون على العنصر البشري أكثر من العنصر المادي والتكنولوجي، فهم يرون أن تكون التكنولوجيا المستخدمة في التحسين سهلة وبسيطة، ويمكن تلخيص فلسفتهم في تحسين الجودة بما يلي:

عنصر بشري ذو مهارة عالية، محفز بشكل جيد، يستخدم تكنولوجيا مبسطة وليست معقدة.

الاتجاه الأمريكي

ويطلق عليه تسمية "**Breakthroughs**" ويعني أسلوب الخطوات الواسعة والعريضة **Big Stepes** . يركز هذا الأسلوب على إستحداث أشياء جديدة مبتكرة مبدعة **Innovation** لتحل محل القديمة، فعملية الإحلال هذه هي التي تمثل التحسين، الذي يتم دفعة واحدة أو بضربة واحدة كما يسميها الأمريكيان **One Shot**، وذلك من أجل تحقيق تحسينات نشيطة ومثيرة **Dramatic** للوصول الى أعلى مستوى من الأداء والجودة، فالأمريكيون لا يقتنعون بالاتجاه الياباني الذي يؤكد على أن التحسين المستمر يجب أن يتم على مراحل أو خطوات بطيئة، فهم مقتنعون بأن التحسين المستمر يكون على شكل ضربات واسعة النطاق على شكل قفزات **Jumpes** سريعة ومتلاحقة، بالاعتماد على تكنولوجيا معقدة ومتطورة جداً، وإمكانات مالية كبيرة، للوصول إلى مستوى (معيار) جودة عالي سبق تحديده من قبل. وبعد تحقيق الضربة الواسعة والسريعة والانتهاء منها، يبدأ التفكير بضربة أخرى تالية على نفس المنوال. يتضح من ذلك أن الاتجاه الأمريكي لا يركز بالمقام الأول على العنصر البشري في عملية التحسين المستمر كاليابانيين، بل يركز أولاً على التكنولوجيا المتطورة المتعددة ثم على العنصر البشري بعد ذلك. وفيما يلي جدول يوضح لنا المقارنة بين الإتجاهين أو المدخلين:

جدول رقم (٤)

معايير المقارنة	الاتجاه الأمريكي	الاتجاه الياباني
المدى الزمني للتحسين	التحسين على دفعات قصيرة الأجل متتالية سريعة جذرية ومبدعة ودفعة واحدة.	التحسين على مراحل وعلى المدى الطويل دون إحداث تغييرات جذرية دفعة واحدة.
وتيرة التحسين	خطوات واسعة متلاحقة منقطعة وآنية وفورية وكل فترة زمنية.	خطوات مستمرة خطوة خطوة دون التوسع دفعة واحدة بشكل متقطع وعلى مدى زمني طويل.
المعنيون بالتحسين	نخبة مختارة وممتازة من العاملين.	كل من يعمل في المنظمة.
شمولية التحسين	يشمل التحسين مجالاً محدداً ثم الانتقال لمجال آخر وهكذا.	التحسين شامل لكل المجالات وبآن واحد.
التفكير في التحسين	تفكير فردي	تفكير جماعي
أسلوب التحسين	هدم وإعادة بناء	إصلاح وهدم بآن واحد
متطلبات التحسين	إستثمارات مالية كبيرة، والاعتماد على الجانب الفني أكثر من الجانب الانساني.	إستثمارات مالية عادية والاعتماد على الجانب الانساني أكثر من الجانب الفني.
التكنولوجيا	التكنولوجيا المتطورة والاختراعات الجديدة، والنظريات الحديثة، هي التي توجد التحسين المستمر والمتميز.	تكنولوجيا سهلة والعنصر البشري هو المفكر والمبدع وهو الذي يوجد التحسينات وليست التكنولوجيا.
معيار تقييم التحسين	نتائج أو تحسينات تؤدي الى أرباح.	نتائج وتحسينات تؤدي الى أرباح والى إشباع معنوي.

مراحل عملية تحسين الجودة المستمر

يوجد ثلاثة مداخل معروفة وعامة في مجال تصميم مراحل عملية التحسين المستمر للجودة، سنقوم بعرض موجز لها فيما يلي:

أولاً: مدخل رقابة العملية من أجل تحسين الجودة.

ويطلق عليه مصطلح: **Control Process For Quality Improvements** وبموجبه تمر عملية التحسين بالمراحل التالية:

- حدد **Define**:

يتم في هذه المرحلة تحديد ما الذي سوف نراقبه ونقيمه تفصيلاً من أجل تحسينه، وبمعنى آخر تحديد معايير الرقابة (التقييم)، فإذا أردنا أن نقيم طلاء السيارة مثلاً، يمكننا تحديد المعايير التالية: السماكة، اللمعان، المقاومة، سهول الاستخدام. ويمكن القول أن هذه المعايير تمثل أهداف الرقابة، وتعبر عن مستوى الجودة المطلوب في السلعة أو الخدمة المقدمة للعملاء.

- قيس **Measure**:

في ضوء المعايير، يجري تحديد نوع المعلومات التي سيتم جمعها، مع تحديد كيفية الجمع والسبل والوسائل التي سوف تستخدم، فهذه المعلومات تعطي القائمين على عملية التحسين رؤية واضحة عن واقع التنفيذ العملي للمجال المراد تحسينه.

- قارن مع المعايير **Compare To Standards**:

يتم في هذه المرحلة مقارنة الانجاز المحقق مع معايير الجودة المطلوبة، لتحديد فيما إذا كان مستوى الجودة الذي تم إنجازه مقبولاً حسب المعايير أم لا، مع

تحديد الأسباب التي جعلته غير مقبول، وبعبارة أخرى تحديد أسباب الأخطاء التي حدثت.

● قيم Evaluate :

في ضوء نتائج المقارنة ومن ثم التقييم، يجري تحديد التحسينات التي سيتم إدخالها وتلافي الأخطاء التي حدثت، وكذلك إتخاذ التدابير اللازمة من أجل وضع هذه التحسينات موضع التنفيذ.

● إتخذ إجراءً تصحيحاً إذا كان ضرورياً Take Corrective Action If Necessary :

إذا ظهر نتيجة إدخال التحسينات التي تم إقرارها وتطبيقها أية مشكلة، فيجب المسارعة الى إتخاذ عمل أو إجراء تصحيحي لمعالجتها، وذلك عند الحاجة أو الضرورة.

● قيم العمل التصحيحي Evaluate Corrective Action :

للتأكد من مدى فاعلية الاجراء التصحيحي، تتم عملية جمع معلومات عن تنفيذه أو تطبيقه، من أجل الوقوف على مدى تمكن هذا الاجراء من معالجته للمشكلة، فاذا كانت نتيجة التقييم إيجابية، معنى ذلك أن الحلول كانت ناجحة.

ثانياً : مدخل Pdca .

تعود جذور هذا المدخل لنموذج حلقة التحسين المستمر للجودة لكل من إدوارد ديمنج وشوهارت Shewhart الذي قام بتطوير مضمونه بعد ذلك، ويرمز كل حرف من حروف هذا المدخل الى ما يلي:

● P خطط   Plan :

تشتمل هذه المرحلة على ما يلي:

- إبدأ بجمع معلومات عن العملية المراد تحسينها بوضعها الحالي.

- في ضوء المعلومات حدد المشاكل أو الأخطاء.

- حلل أسباب المشاكل أو الأخطاء.

- ضع خطة من أجل تلافي الأخطاء وإدخال التحسين.

- حدد معاييراً من أجل تقييم التحسين بعد تطبيقه.

● D نفذ   Do :

تشتمل هذه المرحلة على ما يلي:

- ضع خطة التحسين موضع التنفيذ.
- جرب خطة التحسين في مجال محدود في البداية.
- إرصد وسجل أي تغييرات تحدث نتيجة التحسين خلال تنفيذه.
- إجمــع معلومــات بشــكل مســتمر ومنــتظم مــن أجــل تقيــيم خطــة التحسين.

● C دقق   Check :

تشتمل هذه المرحلة على ما يلي:

- قيم خطة التحسين بعد تنفيذها من خلال المعلومات التي تم جمعها.
- حدد مدى نجاح خطة التحسين لأهدافها.

● **A** إعمل **ACT** :

تشتمل هذه المرحلة على ما يلي:

- إذا كانت نتائج التقييم إيجابية، إجعل خطة التحسين كاسلوب معتمد ومقرر، وعممه على كافة المعنيين به.

- درب المعنيين بتطبيق التحسين لتمكينهم من تطبيقه بفاعلية مستقبلاً.

- عمم نتائج التحسين على العمليات الأخرى المشابهة.

- إذا كانت نتائج التقييم غير إيجابية، نقح خطة التحسين في حالة كون الأخطاء بسيطة، أما إذا كانت الأخطاء كبيرة، إلغي مشروع التحسين واستبدله بمشروع تحسين آخر.

ثالثاً: مدخل دائرة الجودة المستمرة.

يشتمل هذا المدخل على سبع مراحل، تعبر كل منها عن حلقة ضمن سلسلة مترابطة، تشكل دائرة متكاملة لها صفة الاستمرارية، وذلك وفق ما هو موضح في الشكل التالي :

شكل رقم (٩)

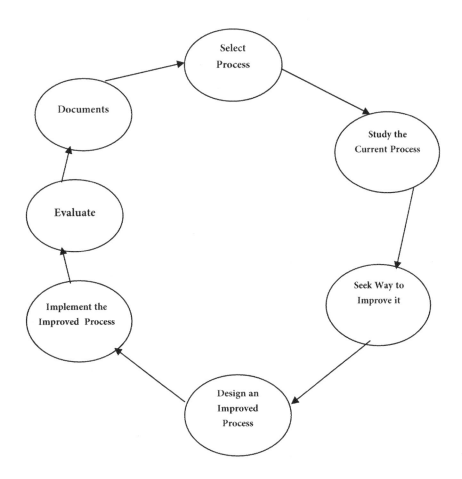

وفيما يلي توضيح لهذه المراحل السبع:

١ : إختيار العملية المطلوب تحسينها، وتحديد أهداف عملية التحسين.

٢ : جمع معلومات عن مراحل تنفيذ العملية المراد تحسينها بوضعها الحالي ومن كافة الجوانب وبشكل تفصيلي.

| ٣ | : | البحث عن طريقة جديدة من أجل تحسين العملية. |

| ٤ | : | تصميم الطريقة التي سيجري من خلالها تحسين العملية. |

| ٥ | : | تنفيذ وإنجاز طريقة التحسين. |

| ٦ | : | تقييم طريقة التحسين. |

| ٧ | : | تسجيل نتائج التحسين على شكل خطة أو نهج، ووضع برنامجاً تدريبياً لتفعيل طريقة التحسين من خلال رفع المهارات. |

تحسين إستثمار العنصر البشري

العنصر البشري ثروة تمتلكها المنظمة يجب المحافظة عليها وإستثمارها بأكفأ السبل والوسائل، وتحسين هذا الاستثمار بشكل دائم، عن طريق التحفيز الفعال الجيد، من أجل تحقيق مثلث الجودة والتميز الموضح في الشكل التالي:

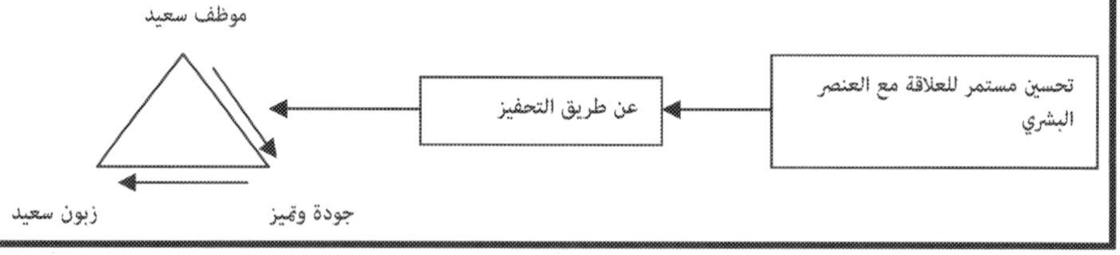

تطلق منهجية إدارة الجودة الشاملة على العنصر ـ البشري الذي يعمل في المنظمة مصطلح " الزبون الداخلي Internal Customer " للدلالة على مدى أهميته، فهي تركز وإلى حد كبير على ضرورة إستثماره بشكل جيد، من خلال

زرع الولاء والانتماء لديه تجاه المنظمة، وجعله جزءً منها، فتعزيز العلاقة معه بشكل دائم وتحسينها باستمرار، جانب هام جداً في هذه المنهجية، التي ترى بأن العنصر البشري هو أغلى ما تملكه المنظمة، فهو الذي سيطبق منهجية إدارة الجودة الشاملة، وهو أيضاً الذي سيتفاعل مع الزبائن، ومسؤول عن تحقيق الجودة ورضا العملاء، وهو الذي سيباشر عمليات التحسين المستمرة، بمعنى عام العنصر البشري هو الكل بالكل.

إذن يمكن القول بأن تحفيز الموارد البشرية في المنظمة من أجل إستثمارها في ظل إدارة الجودة الشاملة، مطلب لا يمكن تجاهله على الاطلاق، فموظف مستاء يعني زبون مستاء، والعكس من ذلك صحيح، لذلك ضروري جداً تبني سياسة تحفيز مناسبة وجيدة من أجل تحقيق أهداف العاملين، وزرع الولاء والانتماء فيهم تجاه المنظمة، والحماسة والغيرة لها، فكيف يمكن لأية منظمة كانت أن تحقق روح التعاون والفريق، وتشكل فرق عمل وحلقات جودة ذات فاعلية عالية، دون إستخدام التحفيز المناسب للعنصر البشري، فسياسة التحفيز هي الأداة التي يمكن بوساطتها إحداث إندماج العاملين في المنظمة، وتحسين العلاقات معهم، وتحقيق التكامل بين أهدافهم وأهدافها،فالعنصر البشري الراضي،لا شك أن اداءه سيكون جيداً وبالتالي مستوى الجودة سيكون عالياً أيضاً، مما يحقق الرضا والسعادة لدى الزبائن.

يتضح مما تقدم بأن عملية تحفيز العنصر البشري من أجل تعزيز العلاقة معه وإستثماره بشكل حسن، تشتمل على ثلاثة متغيرات أساسية هي ما يلي :

العنصر البشري المحفز جيداً وهو متغير مستقل وقيادي على أساس أنه المسؤول الأول عن تحقيق الجودة وبالتالي ورضا الزبون.

الجودة هي متغير تابع يتأثر بمستوى تحفيز العنصر البشري.

رضا الزبائن هو متغير لاحق لرضا العنصر البشري والجودة نتيجة التحفيز.

وليكون لدى المنظمة سياسة تحفيز جيدة، يجب أن تشتمل على الجوانب التالية :

● أن تقــوم خطــة أو سياســة التحفيــز عـلـى أسـاس أن العـامـلـين هـم
شركاء وليسوا أجراء.

● ربط الحوافز بمستوى الأداء بشكل يؤدي الى تحقيق الجودة التي يقوم عليها رضا
الزبائن، فمعيار الحصول على الحوافز هو مدى رضا الزبون، فكلما زاد رضاه زادت
الحوافز.

● التحفيز الجماعي وذلك من أجل تنمية روح التعاون والمسؤولية الجماعية، وتعتبر
المشاركة في الأرباح وفي رأس المال عـن طريـق تمليك العـاملين أسهماً، من أدوات
التحفيز الجماعية المناسبة.

● ربط الحوافز بارتفاع مستوى المهارة في العمل، واكتساب مهارات جديدة.

● التركيز على ثلاثة أنواع من الحوافز هي:

١- التحفيز المالي: ويشتمل على رواتب وأجور جيدة، ومكافآت مالية، والمشاركة في
الأرباح..الخ.

٢- التحفيز الفكري: ويشتمل على تشجيع الأفراد على التفكير المبدع والخلاق،
وكذلك تشجيعهم على المبادأة، وإستخدام السبل الحديثة في حل المشاكل.

٣- التحفيز المعنوي: ويمكن أن يشتمل على جوانب كثيرة جداً منها على سبيل
المثال:

● إشعار العاملين بقيمتهم الإجتماعيـة، وتـوفير الإحـترام والتقـدير، والمعاملـة
الطيبة والحسنة.

- تشجيع عملية المشاركة من كافة المستويات.

- توفير عنصر الأمان والحماية من مخاطر العمل.

- المرونة والحرية في العمل.

- توفير الإستقرار الوظيفي.

- توفير عنصر التحدي والإثارة في العمل.

- تنظيم رحلات سياحية تسهم المنظمة في تغطية جزء من تكلفتها.

- تقديم الثناءات لأصحاب الكفاءات المتميزة.

- تنظيم حفلات سمر تقام فيها مباريات ومسابقات، الغاية من هذه المسابقات هي ترفية العنصر البشري، فزيادة المرح يعني زيادة الكفاءة والجودة في العمل.

ولكي تنجح سياسة التحفيز ينصح باتباع أو تطبيق النصائح التالية:

- القيام بمسح ميداني لتحديد حاجات ورغبات ومطالب العاملين، وذلك لتكون الحوافز منسجمة معها.

- القيام بإستقصاءات دورية حول الروح المعنوية وتحديد مستواها، وذلك لمعرفة فيما إذا كان هناك ثغرات ونواقص في سياسة الحوافز، للعمل على تلافيها، وكذلك لتعديلها مع ما يستجد من متغيرات جديدة.

- إشراك العاملين في وضع سياسة التحفيز، من أجل كسب الدعم والتأييد لها.

- تأكيد القول بالفعل، فلا يجوز أن تتضمن سياسة الحفز الانساني حوافز لا يعمل بها، فهذا يضعف من ثقة العاملين بهذه السياسة، ويضعف تأثيرها الايجابي.

- التأكيد على دور إدارة الموارد البشرية، فهي الجهة الأولى المعنية بوضع هذه السياسة، فيجب تقديم كل الدعم لها.

إلى جانب النصائح السابقة نعرض بعض الأسئلة الارشادية، التي ينصح تبنيها والاجابة عنها، لتكون مرشداً ومساعداً في رسم سياسة التعامل مع العنصر البشري وإستثماره أحسن إستثمار، فالإجابة عنها تعد بمثابة الضوء الذي يكشف للمنظمة الكيفية المناسبة لهذا التعامل :

س(١) ما هو مستوى الروح المعنوية السائد لدى العاملين؟

س(٢) ما هي حاجات ورغبات العاملين المادية والمعنوية وأولوية إشباعها بالنسبة إليهم؟

س(٣) ما هو مستوى دافعية العاملين نحو العمل والالتزام به؟

س(٤) ما هو مستوى ولاء وإنتماء العاملين للمنظمة؟

س(٥) ما هو مدى ثقة العاملين بالادارة العليا؟

س(٦) ما مدى قناعة العاملين بأهمية وضرورة تغيير النهج الاداري المعمول به الى النهج الجديد إدارة الجودة الشاملة؟

س(٧) لأي مدى لدى العاملين إستعداد لمقاومة التغيير؟ وكيف يمكن تحييد هذه المقامة؟

س(٨) في ضوء الإجابات السابقة، ما هي سياسة التحفيز المناسبة لخلق دافعية إيجابية لدى العاملين؟

كلمة أخيرة نود قولها في نهاية موضوع التحفيز لتعزيز العلاقة مع العاملين وتحسين إستثمارهم في ظل إدارة الجودة الشاملة هي:

على أية منظمة تود تطبيق إدارة الجودة الشاملة ألا تنسى شيئاً أساسياً هو: أن أساس نجاحها في تطبيق هذه المهمة هو العنصر البشري، فهو المسؤول عن إرضاء الزبائن، فالمنظمة من هذا المنطلق تستمد قوتها من العاملين فيها رؤساء ومرؤوسين، فعندما يكونوا سعداء في منظمتهم سنجدهم أكثر كفاءة وقدرة على إرضاء الزبائن، لذلك من الأهمية بمكان أن تضع المنظمة سياسة تحفيز فعالة لخلق دافعية إيجابية لدى العنصر البشري، ليكون لديه القدرة الكافية والدافع من أجل تحقيق الرضا لدى زبائن المنظمة.

تحسين العلاقات مع الآخرين وتعزيزها

المنظمة التي تود تطبيق منهجية صحيحة لإدارة الجودة الشاملة، عليها تحسين علاقاتها مع الآخرين وتعزيزها بشكل دائم، فهذا الجانب يعد جزءً من إستراتيجيتها. وتشتمل هذه العلاقات المطلوب تحسينها على ما يلي:

- العلاقة مع العملاء أو الزبائن.
- العلاقة مع الموردين.
- العلاقة مع المنظمات الأخرى.

سنقوم فيما يلي بعرض بعض السبل التي إستخدمتها الشركات اليابانية والأمريكية في مجال تحسين العلاقات مع الآخرين وتعزيزها، وذلك على سبيل المثال وليس الحصر:

سبل تحسين وتعزيز العلاقة مع العملاء

تحـت شعـار "الزبـون هـو هـدف الجميـع"، وضرورة تنميـة علاقـات شخصية
وحميمة معه، نعرض السبل التالية للاسترشاد بها في مجال تحسين علاقة المنظمة
بزبائنها، فالقرب من العملاء هو مفتاح النجاح :

- تنظيم دعوات للزبائن لزيارة المنظمة لإطلاعهـم عـلى نشـاطها، وسـماع آرائهـم،
  ومتطلباتهم ومقترحاتهم، وشكاواهم.

- وضع صناديق لاستلام مطالب وشكاوى الزبائن.

- إرسال بطاقات تهنئة في الأعياد الرسمية للعملاء بعبارات جذابة وعذبة.

- تقديم هدايا رمزية للزبائن في المناسبات الرسمية.

- الرد على إستفسارات الزبائن بأقصى سرعة ممكنة.

- مراسلة الزبائن باستمرار، والإستفسار منهم حول مـا يريدونـه أو يتوقعونـه مـن
  المنظمة.

- إشراك الزبائن في تطوير وتحسين جودة المنتوج مـن خـلال تقديم مقترحاتهم،
  ورصد مكافآة لأحسن إقتراح، وخاصة في مجال تطوير العلاقة مع العملاء.

- متابعة الشكاوى المقدمة من الزبائن إلى أن يتم حلها.

- إشراك نخبة من الزبائن في مناقشـة بعـض الأهـداف والخطط، فهـذا يشعرهم
  بأنهم جزء من المنظمة التي يتعاملون معها، وأنهم يحظون بالاهتمام والتقدير.

● زيارة الزبائن المهمين كل فترة لسماع آرائهم ومقترحاتهم.

● متابعة الزبائن الذين إشتروا السلعة لمرة واحدة، ولم يكرروا عملية الشراء ثانية لمعرفة السبب.

ونود الاشارة في مجال تحسين العلاقة مع الزبائن، بأن تتوقع المنظمة وجود تباين في أمزجه وعادات عملائها، لذلك يستوجب الأمر منها تنويع أسلوب تحسين العلاقة معهم، ولا تعتمد على أسلوب واحد.

وفي هذا المجال نود التأكيد على جانبين، نرى من الأهمية بمكان التعرض إليهما هنا وهما :

١ دعم إدارة العلاقات العامة وإدارة التسويق وتدريب العاملين فيهما تدريباً جيداً ومستمراً، لأن العاملين فيهما على إحتكاك مستمر مع الزبائن، وبشكل خاص رجال المبيعات والإستقبال (الاستعلامات)، فشعار العمل لديهم يجب أن يكون:

- الزبون دائماً على حق.
- أن نكون دائماً في صف الزبون.
- أن نعمل دائماً على إرضاء الزبون.

٢ الطلب من العاملين في مجال التسويق وبشكل خاص رجال الدعاية والإعلان، أن يركزوا في عملية إتصالهم مع العملاء على مسألة الجودة. فعلى سبيل المثال أن تركز إعلانات المنظمة ودعاياتها على التميز والتفوق على الآخرين على النحو التالي:

- منتجاتنا (خدماتنا) رمز للجودة والتميز.
- نحن متفوقون على الآخرين.
- منتجاتنا (خدماتنا) بدون عيوب أو أخطاء.

- هدفنا خدمتكم وإدخال السعادة الى نفوسكم.

- هدفنا تلبية ما تريدون وترغبون.

هذه الشعارات تثير الاهتمام لدى العملاء، وتشعرهم بأهميتهم، ويعزز من علاقاتهم

مع المنظمة.

** خدمة الزبون العمود الفقري لتحسين العلاقة معه وتعزيزها:

أشرنا فيما سبق إلى عدد من السبل التي يمكن من خلالها تعزيز العلاقة بين المنظمة وعملائها، وتركنا خدمة العميل كوسيلة أساسية في عملية التعزيز، لمناقشتها في ختام هذا الموضوع، نظراً لما لها من أهمية بارزة في هذا المجال.

تعتبر خدمة العميل سواء قبل الشراء، أو أثناءه، أو بعده، عاملاً مهماً جداً في كسب رضاه، والتقرب منه، وتعزيز العلاقة معه، ولتحقق الخدمة الغاية المرجوة منها يجب أن يكون شعارها ما يلي: الاستجابة والتلبية السريعة لما يطلبه العميل وخاصة فيما يتعلق بالشكاوى التي يقدمها، ومساعدته عند الحاجة أو في الظروف الصعبة. فالخدمة السريعة الى جانب تقديمها في ظروف صعبة (كتقديم خدمة الهاتف، أو الكهرباء عند إنقطاع التيار الكهربائي مثلاً في عوامل جوية سيئة) لها وقع كبير على العميل ورضاه، فالخدمة المتميزة لا تعني تقديمها في ظروف سهلة فحسب، بل في ظروف صعبة أيضاً، ولعل الأخيرة أكثر وقعاً في نفسه. فشركة Caterpillar لصناعة الآليات مثلاً، تعهدت أمام عملائها، بايصال قطع الغيار إليهم خلال (٤٨) ساعة، وإذا لم تتمكن من ذلك تقدمها لهم مجاناً.

وقد يرى بعضهم أن هذا التميز في تقديم الخدمة للعميل له تكلفة، هذا صحيح، لكن هذه التكلفة إيجابية لها عائد هو: توطيد العلاقة معه وكسب درجة عالية من رضاه، وولاءه المستمر لها، إلى جانب الدعاية الجيدة التي سوف ينشرها عن المنظمة لدى معارفه وأقربائه، فالعائد هنا أكبر من التكلفة بكثير.

بناء عليه نرى أن تولي الادارة العليا في المنظمة اهتماماً خاصاً بموضوع الخدمة، والاشراف على تقديمها، ووضعها في مقدمة الأهداف التي تسعى الى تحقيقها في ظل منهجية إدارة الجودة الشاملة.

سبل تحسين العلاقات مع الموردين وتعزيزها

نعرض فيما يلي بعض السبل التي إستخدمتها بعض الشركات الأمريكية، في مجال تدعيم العلاقة مع مورديها، تحت شعار مفاده "المورد شريك طويل الأجل، وهو جزء من منهجية إدارة الجودة الشاملة" :

● تزويد المورد وباستمرار بنتائج قياس درجة رضا الزبائن وشكواهم، ليعمل على تزويد المنظمة بمستلزمات (المواد) العمل التي تساعد على تحقيق الرضا لديهم.

● إشراك المورد في تصميم العمليات الانتاجية، ليكون على إطلاع جيد حول مستلزماتها وإحتياجاتها، للعمل على توريد مستلزمات تساعد على تنفيذها.

● تقديم أية مساعدة للمورد لتحسين جودة العمل لديه ومشاركته في حل مشاكله.

ونود الاشارة في هذا المجال إلى ضرورة إنتقاء المورد المناسب الذي تتوفر فيه المعايير التالية:

● أن يكون قد طبق إدارة الجودة الشاملة، أو كحد أدنى أن يكون قد حصل على إحدى شهادات الأيزو.

● السمعة الطيبة.

● الإمكانات الجيدة: الإنتاجية، الفنية، المالية.

● أن يكون من المنظمات ذات المستوى المتقارب مع مستوى المنظمة.

سبل تحسين العلاقات مع المنظمات الأخرى وتعزيزها

يقصد بالمنظمات الأخرى، جميع المنظمات التي تعمل ضمن البيئة المتواجدة فيها المنظمة، كالمنظمات الحكومية، والمصارف، والعلمية، والتعليمية..الخ. إن تحسين العلاقة مع هذه المنظمات وتعزيزها، جانب هام وحيوي في منهجية إدارة الجودة الشاملة، من أجل كسب ثقتها ومؤازرتها ودعمها، وعملية التعزيز هذه يجب أن تكون مستمرة من خلال الإتصال الدائم بها، وتقديم المساعدة لها، وطلب مساعدتها عند الحاجة، فعلى سبيل المثال يجب تنظيم دعوات متبادلة بين الطرفين في المناسبات الرسمية وغير الرسمية، وتقديم مساعدات مالية لمراكز البحث العلمي، وإستقطاب أوائل الخريجين من الجامعات وتوظيفهم لديها، وتقديم منح دراسية..الخ. هذه العلاقات الحسنة، لا شك أنها تجعل صورة المنظمة لدى هذه المنظمات مشرقة، وهي خير دعاية لها لدى عملائها، الذين عندما يطلعون على هذه العلاقات، لا شك أن إعجابهم وثقتهم بها ستكبر وتتعزز.

المعايرة من أجل تحسين الجودة

المعايرة ركن أساسي في منهجية إدارة الجودة الشاملة، بوساطتها تتمكن المنظمة من معرفة حقيقة وضعها وموقفها الراهن، مقارنة مع المنظمات الأخرى المشابهة والرائدة، في مسعى منها لتحسين الجودة والتميز على الآخرين.

يقصد بالمعايرة **Benchmarking** قيام المنظمة باختيار وتحديد معيار كلي يدعى "بالنموذج المثالي" لمقارنة إنجازاتها به في مجال تطبيق إدارة الجودة الشاملة، وتحقيق الرضا لدى زبائنها. وبالتالي فالمعايرة هي بمثابة تقييم كلي لأداء المنظمة مع منظمة رائدة ذات سمعة طيبة تعمل في نفس المجال الذي تعمل فيه، ولديها نفس الإمكانات تقريباً. بناء عليه نجد أن المعايرة وسيلة يمكن للمنظمة أن تعرف من خلالها حقيقة وضعها الراهن من الوضع المثالي أو الرائد، في مسعى منها لتحقيق أو الوصول لهذا الوضع وتخطيه، إذ أن إدارة الجودة الشاملة تؤكد على ضرورة التميز في البداية ومن ثم التفوق على الآخرين المنافسين، وعليه يمكن القول بأن المعايرة وسيلة يمكن للمنظمة أن تتعلم من خلالها كيف تكون هي الأفضل دائماً.

وتجدر الاشارة في هذا المجال إلى نقطة هامة مفادها : أن المعيارة هي أداة للتحسين، وليست تحسيناً بحد ذاته، فهي وسيلة كاشفة توضح للمنظمة حقيقة وضعها الراهن مع وضع (أو أكثر) مثالي أو رائد في منظمة أخرى مشابهة ومنافسة. من هذا المنطلق نجد أن المعايرة ما هي في الواقع إلا عبارة عن أداة مساعدة من أجل تحقيق التميز ومن ثم التفوق، من خلال التركيز على جانبين إثنين هما:

- تحديد نقاط التقصير مقارنة بالوضع الرائد، والعمل على وضع السبل الكفيلة لتلافي هذا التقصير، والتفوق أو تخطي الوضع المثالي.
- تحديد نقاط القوة التي تتفوق بها المنظمة على الوضع المثالي، من أجل تدعيمها أكثر، وجعلها متميزة ومتفوقة على الوضع الرائد باستمرار.

وتمر عملية المعايرة بالخطوات التالية :

١- إختيار المنظمة (أو المنظمات) التي ستجري عملية المقارنة بها، وهي تمثل النموذج المثالي أو المعياري.

٢- تحديد معايير المقارنة الكلية وهناك عدد من هذه المعايير الشائعة في الاستخدام هي ما يلي:

- الربحية.

- درجة رضا الزبون.

- السمعة في السوق.

- رقم المبيعات ونموه السنوي.

- تكاليف التشغيل.

٣- تحديد مجالات المقارنة الجزئية التي تعبر عن عمليات محددة مختارة لتكون موضع المقارنة مثل: عملية الإنتاج، البيع، التوزيع، الخدمة بعد البيع..الخ

٤- تحديد نوع المعلومات المطلوب جمعها.

٥- تحديد سبل أو طرق جمع المعلومات.

٦- دراسة وتحليل المعلومات والوصول الى نتائج.

٧- مقارنة النتائج مع الوضع الراهن للمنظمة لتحديد موقفها ووضعها، وتشتمل المقارنة على ما يلي :

- كيف تنجز العملية لدى النموذج المثالي أو المقارن.

- كيف ننجز نحن العملية.

- تحديد الفروق التي تكون نتيجتها أحد الاحتمالين التاليين :

أ- إذا كنا نحن الأفضل، ما الذي يجب أن نحسنه لنكون الأفضل دائماً.

ب- إذا كان نموذج المقارنة هو الأفضل، ما الـذي يجب أن نفعله لنبلغ وضع النموذج المثالي ونتخطاه.

٨- وضع سبل لتحسين موضع التطبيق في سبيل تحقيق التفوق.

ونود الاشارة أخيراً الى أن عملية جمع المعلومات ليست بالبساطة أو السهولة التي قد يعتقدها البعض، ذلـك لأن جزء مـن هـذه المعلومات تكون سريـة ولا يمكن الحصول عليها.

تحسين إستثمار الوقت

الوقت ثـروة لـه تكلفـة وقيمـة، وهـو كالسـيف إن لم تقطعـه قطعـك، فـإذا لم نحسن إستخدامه وإستثماره حملنا كمنظمة تكلفة دون مبرر، تؤثر في مستوى الجودة الكلية، فاستخدام أسلوب إدارة الوقت، يسـاعد عـلى تحقيـق التشـغيل الأمثل للمـوارد البشرية والعمل بآن واحد.

حتى تضمن المنظمة التشغيل الأمثل للعمل وإستغلال وقتـه الرسمي أحسـن إستغلال وإستثمار، يتطلب الأمر منها توعية جميع العـاملين فيها رؤساء ومرؤوسـين بمدى أهمية الوقت، وتمكينهم مـن تخطيط وتنظيم وقت عملهم بشكل جيد دون إضاعه لجزء منه، فإدارة الوقت وإستثماره مطلب تؤكد عليه منهجية إدارة الجـودة الشاملة. فقيام جميع من يعمل في المنظمة بإعداد جـداول زمنيـة لأعمالهـم، مراعين في ذلك قاعدة تحديد الأولويات، يمكنهم ذلك من إستثمار وقت العمل الرسمي بشكل

جيد، ويُمكن المنظمة من السيطرة على الأداء الجزئي والكلي فيهـا، والإسهام في تحقيق التحسين المستمر للعمليات، مـما يسـاعد في الأخير علـى تخفيض التكـاليف السـلبية، وتحقيق الجودة المطلوبة.

الأنشطة الداعمة المستمرة

تشتمل منهجية إدارة الجودة الشاملة على مجموعـة مـن الأعمال أو الأنشـطة الداعمة، التي تساعدها على تحقيق ما تصبو إليه وتنشده من نجاح في تحقيق الجودة الشاملة بأعلى مستوى، وتحقيـق الرضا لـدى زبائن المنظمـة، وسـنعرض في الصـفحات القليلة القادمة هذه الأنشطة الداعمة، التي يجب أن تتصف بالاستمرارية، لأنهـا بمثابـة روافد للمعلومات تغذي العمل الكلي في المنظمة.

نظام المعلومات وجمع الحقائق

يعطي تبني نهج جمع الحقائق لتحقيق الوفرة في المعلومات، رؤية واضحة لمتخـذ القرر عن الظروف المحيطة به، وبالتالي يساعده على إتخاذه في ضوء المعرفة والحقيقـة. فنظام المعلومات المحوسب، تساعده بشكل عام متخـذي القرارات وفرق العمـل علـى أداء مهامهم بشكل جيد، وحل مشاكل العمل بصورة فعالة.

من المؤكد أن إتخاذ أي قرار، وحل أية مشكلة، وتحسين أي مجال مـن مجـالات العمل داخل المنظمة، يتطلب جمع معلومات وفيرة، لتعطي رؤية واضحة وجليـة عـن طبيعة المشكلة والقرار المراد إتخاذه، أو التحسـين المنـوي إدخالـه. وتجمع المعلومـات والحقائق عموماً من مصدرين إثنين هما :

المصدر الـداخلي وهـو العـاملون الـذين يكـون لـديهم في العـادة وفـرة كبـيرة مـن المعلومات عن واقع العمل والمشاكل المصاحبة له، وإقتراحات لا يستهان بها.

المصدر الخارجي ويكون من خلال جمع معلومات وحقائق من:

● العملاء.

● الموردين.

● المنظمات الأخرى ذات العلاقة.

فرأي الزبون والمورد شيء هام لتقييم الوضع الراهن من أجل التحسين والتطوير.

وفي مجال جمع المعلومات، ينصح باتباع الارشادات التالية، لجعـل هـذه العمليـة ذات كفاءة عالية:

● تحديد ما يراد جمعه من معلومات أي تحديد نوعيتها.

● تحديد مصادر المعلومات.

● تحديد من سيقوم بجمع المعلومات.

● تحديد أسلوب جمع المعلومات.

● تحديد معايير للتأكد من دقة وصحة المعلومات التي تم جمعها.

● تصنيف وتحليل المعلومات.

● تخزين المعلومات في الحاسب الآلي وجعلها جاهزة للإستخدام.

● تقييم عملية جمع المعلومات بشكل دائم من أجل تحسينها المستمر.

ونود الاشارة في هذا المجال، إلى أن تحديد نوعية المعلومات المطلوب جمعها، تتوقف على نوع وطبيعة المصدر وفق ما يلي:

١. **البيئة:** وتهدف عملية جمع المعلومات عنها، إلى دراسة إتجاهات المتغيرات البيئية المؤثرة في نشاط المنظمة كالمتغير السكاني، الاقتصادي، التكنولوجي، من أجل التكيف معها.

٢. **الزبائن:** وتهدف عملية جمع المعلومات عنهم، إلى معرفة حاجاتهم ورغباتهم وتوقعاتهم، وقياس مدى أو درجة رضاهم عن جودة السلعة (أو الخدمة) المقدمة لهم.

٣. **الموردون:** وتهدف عملية جمع المعلومات عنهم، إلى معرفة مدى كفاءتهم في تلبية إحتياجات المنظمة من المستلزمات، وكذلك مدى رضاهم في التعامل مع المنظمة، ومدى مساندتهم لها.

٤. **العاملون في المنظمة:** وتهدف عملية جمع المعلومات عنهم، إلى دراسة مدى رضاهم، وروحهم المعنوية، ودرجة ولائهم وإنتمائهم للمنظمة، ومدى قدرتهم على تحقيق الرضا لدى الزبائن.

٥. **المنظمات الأخرى:** وتهدف عملية جمع المعلومات عنها الى شقين:

أ- المنظمات المنافسة لمعرفة مدى المنافسة من قبلها ووضع المنظمة بالنسبة لها (المعايرة).

ب- المنظمات الأخرى الحكومية وغيرها، لدراسة مدى حسن العلاقة معها ورضاها عن المنظمة.

ونود الاشارة في هذا المقام، الى أنه لكي تؤتي عملية جمع المعلومات والحقائق ثمارها المرجوة منها وكما يجب، نجد من الضروري إستخدام الحاسب

الآلي، لجعل نظام المعلومات في المنظمة محوسباً يستفيد منه كل من يعمل فيها، بشكل نضع قاعدة معلوماتية يخزن فيها كافة المعلومات والحقائق، والبيانات والاحصاءات المتعلقة بكافة جوانب العمل، وتوفيرها لمن يحتاجها بسرعة فائقة مبوبة، مصنفة، محللة، مما يساعد على رفع وتيرة العمل ومستوى جودته.

كما نود الاشارة أيضاً في هذا المقام وبشكل خاص، الى مدى أهمية وضع قاعدة معلوماتية خاصة بعملاء المنظمة، يخزن فيها كافة المعلومات المتعلقة بهم من حيث: مطالبهم، توقعاتهم، مستوى دخلهم، عناوينهم..الخ تحت شعار هو:

إعرف زبونك بعمق من خلال جمع معلومات عن كل شيء يتعلق به ، هذه القاعدة المعلوماتية تساعد المنظمة والى حد كبير في رسم سياسة تعاملها مع زبائنها، وتلبية مطالبهم وتحقيق توقعاتهم، وإيجاد الرضا والسعادة لديهم، وفق معلومات وحقائق موضوعية تم جمعها عنهم، وهذه المعلومات يجب تحدثيها كل فترة زمنية، من خلال مسوحات ميدانية، تحت مظلة المتابعة المستمرة.

التغذية العكسية

الاستطلاع المستمر لرأي الزبائن حول مستوى جودة السلعة أو الخدمة المقدمة لهم وتقييمهم لها، يوضح للمنظمة مدى رضاهم عنها، فنتائج الاستطلاع والتقييم تعد معياراً للحكم على مدى نجاحها في تحقيق الرضا والسعادة لدى زبائنها، كما تعد وسيلة لمعرفة الثغرات للعمل على تلافيها، وتنفيذ عمليات تحسين مستمرة. فرأي العملاء يجب النظر إليه على أنه مصدر للأفكار يجب الاهتمام به، فمعرفة ما لدى الزبائن من أفكار ومقترحات وشكاوى، جانب هام في منهجية إدارة الجودة الشاملة وتحقيق هدفها.

التغذية العكسية هي، معلومات تحصل عليها المنظمة من زبائنها تتعلق بمستوى رضاهم عن السلعة أو الخدمة المقدمة لهم، ومدى إشباعها لمطالبهم وتوقعاتهم، وبالتالي فهي وسيلة كاشفة يمكن من خلالها تقييم المنظمة لوضعها لدى عملائها، من حيث مدى رضاهم عما تقدمه لهم. كما أنها وسيلة فعالة تستخدم نتائجها في إدخال التحسينات المستمرة على سلعتها أو خدمتها، وذلك وفق ما يريدونه ويتوقعونه منها، إنطلاقاً من أن الزبون ليس رقماً إحصائياً تتعامل المنظمة معه، بل هو مصدر للمعلومات والأفكار الجديدة، فهو مقيم ومثمن لجودة عملها، ونعرض فيما يلي شكلاً توضيحياً يبين لنا ما تقدم:

شكل رقم (١٠)

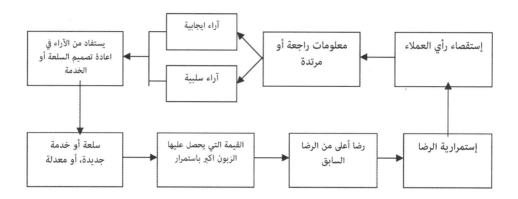

يتضح مما تقدم أن إستطلاع رأي الزبائن وتقييمهم، جانب أساسي في منهجية إدارة الجودة الشاملة، ووسيلة فعالة لمعرفة، هل حققت المنظمة هدفها في إرضاء زبائنها أم لا هذا من جهة. ومن جهة ثانية فالعميل الذي يلمس بأنه موضع إهتمام المنظمة، وأن ما يبديه ويقوله لها يؤخذ بعين الاعتبار، وأنها تصغي إليه جيدا، سيشعر ويتولد لديه قناعة بأنه يعامل معاملة خاصة، وسوف يستمر في

التعامل معها، وستكسب رضاه وولاءه لها على مر الزمن، وسيدرك من خلال إحساسه بأنه جزء من المنظمة، ومرتبطاً بها إرتباطاً وثيقاً، فالاصغاء الجيد للعميل والاهتمام به، سيدفعه لأن يظهر لها وبشكل إيجابي ما يريده منها، وستفهم ما يريده بوضوح، وستكون إستجابتها لمطالبه فعالة وإيجابية، وبهذه الحالة تكون المنظمة قد:

● حددت ما يمكن أن تفعله للاحتفاظ بعملائها.

● ماذا يمكن أن تفعله للحصول على عملاء جدد من المنافسين.

ونعرض فيما يلي بعض المعايير التي يمكن إستخدامها أو الإستئناس بها عند جمع معلومات من عملاء المنظمة، لتحقيق التغذية العكسية لأغراض التقييم:

- الاهتمام بالعميل.

- إظهار الاحترام للعميل.

- صعوبة أو سهولة الحصول على السلعة.

- السعر.

- صعوبات في إستخدام السلعة.

- تكلفة الصيانة.

- التعامل مع شكاوى العميل.

بناء على ما تقدم نرى أنه يتوجب على المنظمة أن تشجع عملاءها على إبداء آرائهم ومقترحاتهم وشكاواهم، فهذه الجوانب تعتبر تغذية عكسية من المعلومات الهامة التي تتمكن بوساطتها أن تقيم وضعها. فالمنظمة الناجحة هي التي تعود زبائنها على قول الصراحة في تعاملهم معها، وتهيء نفسها لسماعها وإن كانت مزعجة بالنسبة لها، وعليها الاستجابة الفورية لمطالبهم. كما عليها أن تتوقع

في بعض الأحيان بأن عملاءها قد لا يزودونها بآرائهم بشكل واضح، فهم في الغالب يعلمونها بأن هناك شيء ما خطأ، فيتوجب عليها في هذه الحالة أن تبحث عن أسباب الخطأ، لوضع العلاج الفوري والسريع، فتحليل الأسباب يساعد كثيراً للوصول الى نتائج إيجابية. وقد إتبعت بعض الشركات الأمريكية في هذا المجال سياسة تحليلية تدعى "فقدان العملاء **Customer Loosing** " بموجب هذه السياسة يتم تحديد أسباب فقدان العملاء، لمعرفة ما الذي أدى إلى حدوث هذا الفقدان للعمل على تلافيه، وتؤكد هذه السياسة على ضرورة محاسبة المسؤول عنه، واعتباره خطأ جسيماً وعظيماً بحق المنظمة.

ويمكن القول بوجه عام، أن إستطلاع رأي الزبائن يحتاج الى إجراء إستقصاءات مستمرة على شكل مسوحات ميدانية، من أجل تأسيس قاعدة معلوماتية عنهم وتحدثيها بشكل دائم، وذلك من خلال الاتصال الدائم والمستمر بهم، وهذا يتطلب:

- السعي للحصول على عناوين الزبائن.
- ضرورة تصميم إستبيان لغرض جمع المعلومات وتحقيق التغذية العكسية المرتدة.

ونود الاشارة عند تصميم الاستبيان لجمع المعلومات لتوفير التغذية العكسية عن الزبائن أن يراعى الأمور التالية:

١ التركيز على الجوانب السلبية والايجابية على حد سواء.

٢ تقسيم الزبائن الى مجموعات متجانسة (رجال، نساء، شبان) تسهيلاً لعملية جمع المعلومات ووضوحها، فكل مجموعة يختلف رأيها بلا شك وبدرجة ما عن رأي المجموعة الأخرى.

٣ ضرورة التركيز على أسباب فقدان الزبائن، من أجل إستدراك هذه الأسباب،

منعاً لفقدان زبائن آخرين.

٤ التثبت من صحة المعلومات التي تم جمعها، وتحليلها بشكل جيد للوصول الى نتائج.

٥ التركيز على ما يريده ويتوقعه الزبائن من المنظمة.

وينصح قبل تنفيذ الاستبيان والاتصال بالزبائن من أجل الحصول على التغذية العكسية أن يراعى ما يلي:

● تحديد عينة الاستقصاء، أي تحديد من هم الزبائن الذي سيوجه إليهم الاستبيان، وهذه العينة يجب أن تمثل الزبائن تمثيلاً صحيحاً.

● متى أصبح الزبائن الذي شملتهم العينة عملاء للمنظمة.

● لماذا الآن هم عملاء لها، أي معرفة الأسباب.

ولابد من الاشارة في هذا المجال، الى بعض الصعوبات المصاحبة لعملية قياس وإستطلاع رأي الزبائن لتوفير التغذية العكسية، التي يجب توقعها والاستعداد لها وهي ما يلي:

● عدم مبالاة فئة من العملاء بالاستطلاع.

● عدم ثقة فئة من العملاء بأن المنظمة سوف تستجيب لآرائهم.

● إحتمال أن تكون معظم التغذية آتية من العملاء غير الراضين، وفي هذه الحالة تكون التغذية غير واضحة وغير معبرة عن رأي جميع العملاء.

● إحتمال تغير الآراء بين الحين والآخر.

وفي ختام استعراضنا لموضوع التغذية العكسية عن زبائن المنظمة، نعرض بعض الارشادات التي يمكن للمنظمة إتباعها كوسائل لتشجيع زبائنها على الافصاح عما لديهم، وهذه الارشادات ما يلي:

- إفساح المجال للعميل بأن يقدم ما لديه من شكوى أو إقتراح بسهولة.

- عدم الدفاع عن المنظمة عند الاصغاء لعملائها.

- المبادرة السريعة لحل مشاكل العملاء، يشجعهم باستمرار على التغذية العكسية.

- عدم جعل التغذية العكسية مقصورة على مناسبات معينة، بل جعلها مستمرة وبشكل تكون جزء من النشاط اليومي.

التعليم والتدريب المستمر

التعليم والتدريب المستمر وسيلة فعالة تتمكن المنظمة من خلالها أن تحقق لدى العاملين فيها الفهم الواضح للمنهجية الجديدة، والارتقاء بمستوى الأداء، وتغيير السلوك الانساني للأفضل، وتحقيق التفاؤل، وهذا كله يسهم إسهاماً فعالاً في رفع الكفاءة الانتاجية وخاصة الجودة، وتحقيق الرضا لدى عملاء المنظمة.

يعتبر التعليم والتدريب نشاطاً مستمراً وداعماً لمنهجية إدارة الجودة الشاملة، والملاحظ من العنوان أننا أمام عمليتين إثنتين: الأولى وهي التعليم المستمر ويهدف الى تزويد العاملين وعلى كافة مستوياتهم بمفاهيم إدارة الجودة الشاملة ومرتكزاتها، ومستلزمات تطبيقها. والثانية هي التدريب المستمر ويهدف إلى تمكين

العاملين من تطبيق منهجية إدارة الجودة الشاملة بمختلف فئاتهم، وكيف يحققون النجاح.

إن التأهيل والتدريب المستمر، يضمن أن تكون إتجاهات ومهارات كافة العاملين في المنظمة مهيأة لتطبيق المنهجية الجديدة على أسس صحيحة ومتينة، فالتعليم والتدريب المستمرين يضمنان أن يحصل العاملون على المعارف والمهارة اللازمة، التي تمكنهم من وضع تلك المعارف موضع التطبيق الصحيح والناجح. ونعرض فيما يلي بعض النواحي التي يجب أخذها بعين الاعتبار، لتحقيق النجاح في عملية التعليم والتدريب المستمر.

● شمولية عملية التعليم والتدريب لكافة المجالات، ولجميع فئات العاملين رؤساء ومرؤوسين وفي مختلف المستويات الادارية.

● إعتبار التعليم والتدريب إستثمار له عائد وليس نفقة أو تكلفة، ويتمثل هذا العائد برفع مهارة وكفاءة العاملين على الأداء الجيد، وخدمة الزبون، وتلبية رغباته وتوقعاته بأعلى مستوى من الكفاءة.

● قيام التدريب على أساس تحديد الحاجات التدريبية بشكل دقيق وليس بشكل إرتجالي. وتحدد الحاجات التدريبية بناء على شكاوى الزبائن، ولكن تجب الاشارة في هذا المجال الى أنه ليس كل شكوى أو تذمر يحتاج الى تدريب من أجل علاجه، فقد يكون لدينا شكاوى لا تحتاج إلى تدريب. من هذا المنطلق نجد أنه من الأهمية بمكان ألا ننظر للاعراض ونعتبرها حاجات تدريبية، بل يجب أن ندرس الأعراض ونحللها لنعرف أسبابها، وفي ضوئها يمكن أن نحدد فيما إذا كان التدريب هو العلاج أم لا، ونتمكن عندئذ من الوصول الى جذور المشاكل ونحلها، سواء بالتدريب أو بوسائل أخرى.

- توعية العاملين أن يقدموا المساعدة للمنظمة في تحديد حاجاتهم التدريبية التي تخدم في مجال رفع مهاراتهم وتلبية حاجات الزبائن، فالعاملون هم أقدر من غيرهم على تحديد حاجاتهم التدريبية، فالتوعية هامة وضرورية، خوفاً من ألا يفصحوا عن هذه الحاجات.

- التدريب الجيد هو الذي يشتمل على جانبين: الأول نظري ويركز على إعطاء المتدربين مفاهيم إدارة الجودة الشاملة وأسسها ومبادئها..الخ. أما الثاني، فيشتمل على تدريب العاملين على كيفية تطبيق المنهجية الجديدة، وعرض بعض النماذج التطبيقية في بعض المنظمات التي نجحت في تطبيقها للاستفادة منها.

- ضرورة تقييم مدى إستفادة العاملين من التدريب، لتحديد جوانب النقص في تدريبهم، والسعي من أجل تلافيها في برامج التدريب المقبلة، إنطلاقاً من إستمرارية عملية التعليم والتدريب في نظام إدارة الجودة الشاملة.

- إقتناع الادارة العليا بمدى أهمية وضرورة التعليم والتدريب بالنسبة لها ولكافة فئات العاملين، وتقديم الدعم الكافي لهذه العملية، فالإدارة العليا هي بمثابة الربان الذي يقود السفينة (المنظمة) التي تطبق إدارة الجودة الشاملة، فعليها أن تكتسب المهارة قبل غيرها، وأن توفر لذلك الوقت الكافي.

وقد طبقت بعض الشركات الأمريكية برامج تدريبية ناجحة في مجال إدارة الجودة الشاملة أسمتها ببرنامج "الجودة الشخصية "، يقدم من خلالها نصائح سلوكية للعاملين، لتحسين جودة التعامل مع الزبائن، وتحقيق أعلى درجة رضا لديهم تحت شعار هو:

> إستمع، إفعل، تحمل المسؤولية، كن لطيفا، حاول جاهداً إرضاء الزبون وتحقيق توقعاته، وشجع نفسك على الاتصال المستمر مع الزبائن.

ونعرض فيما يلي ملخصاً لمضمون هذه البرامج:

- الاتصال المستمر بالزبون يزيد من درجة التفاعل معه وفهم ما يريده وبالتالي إرضاءه.
- ضرورة إحداث القناعة لدى العاملين بأن تحقيق هدف إدارة الجودة الشاملة هو إرضاء الزبون وهذا متوقف عليهم، وأن مستقبل المنظمة وقدرتها على المنافسة تعود الى حسن تعاملهم مع الزبائن.
- تنمية وعي العاملين بأن يعاملوا الزبائن كما يحبوا أن يعاملوا عندما يكونوا هم زبائن.
- ضرورة تنمية مهارة الاتصال اللفظي الذي يعتمد على مهارتين إثنتين هما: الاصغاء الجيد، والتحدث أيضاً. فالاصغاء يساعد على فهم ما يريده الزبون، والتحدث يساعد على إقناعنه وكسب رضاه.
- توعية العاملين بأن الزبون دائماً على حق وإن كان مخطئاً.
- إستخدام الارشادات التالية عند التعامل مع الزبائن:
  - تأكد تماماً من أن الزبون راضٍ قبل مغادرته.
  - إياك أن يغادر الزبون وهو غاضب أو مستاء.
  - أكثر المديح للزبون وركز على إيجابياته.
  - إسأل الزبون قبل مغادرته عن السلبيات والايجابيات التي صادفها.
  - إظهر اهتماماً كبيراً بالزبون وبكل ما يقوله أو يطلبه.
  - كن بشوشاً ومرحاً مع الزبون.
  - تحدث مع الزبون بشكل واضح ولا تكثر الكلام دون مبرر.

- تحلى بالصبر ولا تفقد أعصابك.

- عند حدوث مشكلة غير متوقعة بادر إلى طلب العون بسرعة من رئيسك وزملائك، ولا تنسى أن إدارة الجودة الشاملة تركز على مفهوم فريق العمل، فالكل معني بإرضاء الزبون وهذه مسؤولية جماعية.

- إستخدم كلمات أنيقة في عملية الاعتذار للزبون عن أية ناحية سببت لديه عدم الرضا.

- لا تحاول الدفاع عن منظمتك أو عن وضعك عند تقديم الزبون لبعض الانتقادات.

- لا تعطي حلولاً فورية دون دراسة إلا في الحالات القصوى والضرورة.

- شجع الزبون على التحدث وبيان رأيه، ولا تستخدم الأسئلة المغلقة بل المفتوحة عند الاستفسار منه عن أي شيء تريده.

الفصل الثالث

نماذج مختارة عن إدارة الجودة الشاملة والأخطاء الشائعة في تطبيقها

مقدمـة

يشتمل هذا الفصل على ملخص لعدد من النماذج الرائـدة والمعروفـة في مجـال إدارة الجودة الشاملة، قام بوضعها عدد مـن المفكـرين والـرواد، حيـث تعتـبر نمـاذجهم هذه إسهامات رائدة، كان لها الأثـر الكبـير في دفـع عجلـة تطـور مفهـوم إدارة الجـودة الشاملة إلى الأمام.

ونود الاشارة في هذه المقدمة القصيرة، إلى أننا إعتمدنا عـلى الأسـلوب التحلـيلي المفسر في عرض وتوضح هذه النماذج، بمعنى آخر أننـا لم نعتمـد عـلى الترجمـة والنقـل الحرفي لها من المراجع العلمية التي إستخدمناها في هذا الكتاب، لذلك يمكن القول بـأن العرض هو عرض تحليلي تفصيلي مفسرـ ليعطـي القـارىء فهـماً أعمـق لمضـمون هـذه النماذج، التي نعرضها فيما يلي:

نموذج إدوارد ديمنج

ولـد " إدوارد ديمـنج" في الولايـات المتحـدة الأمريكيـة عـام (١٩٠٠) ودرس في جامعة "وايومنج" وحصل على درجة الدكتوراة في الرياضيات والفيزيـاء مـن جامعـة "بيـل" في أمريكـا. وأثنـاء عملـه في مصـانع "هـاوثورن" في شركـة الكهربـاء الغربيـة الأمريكيـة في شـيكاغو، إكتشـف مـدى أهميـة الرقابـة الاحصـائية في ضـبط جـودة العمل والانتاج. وقد سافر إلى اليابان مع فريق الجنرال "مكارثر" من أجل

إعمارها بعد إنتهاء الحرب العالمية الثانية، وقدم هناك خبرته على شكل إستشارات لتطوير الرقابة على الانتاج.

ويشتمل نموذج ديمنج على (١٤) مبدأ، يشكل مجموعها إطاراً عاماً، يمكن للمنظمات الإستعانة به من أجل وضع نموذج خاص بها، والشعار الذي إنطلق منه هو: "أن العنصر البشري في العمل هو الأساس ومحور الاهتمام". وفيما يلي عرض لهذه المبادىء:

١:    تبني المنظمة لفلسفة جديدة تقوم على أساس تحقيق أعلى جودة في منتجها (سلعة أو خدمة)، من أجل تحقيق مركز تنافسي في السوق لضمان البقاء والاستمرار، وهذه الفلسفة يجب صياغتها على شكل رسالة تعمم على كل من يعمل في المنظمة، لتكون معروفة من قبل الجميع، الذين عليهم مسؤولية تحقيقها، وبالتالي فهي حقيقة وليست شعاراً.

٢:    شدة المنافسة تدعو المنظمة بإلحاح إلى تبني سياسة تطوير وتحسين مستمرين لمنتجها أو خدمتها، تماشياً مع شعار هو: أن الجودة في ظل المنافسة يجب ألا يكون لها حدود، وألا تقف عند حد معين، لأن الوقوف يعني أن المنافسين سوف يسبقون المنظمة. فالتحسين المستمر وفق منطوق هذا الشعار هو وسيلة لتحقيق البقاء والاستمرار، فالعملاء يتوقعون أن تقدم المنظمة لهم الأفضل دائماً. وأكد ديمنج على أن عملية التحسين هي حلقة دائرية متكاملة لها صفة الاستمرارية، وأركان هذه الحلقة موضحة في الشكل التالي الذي أسماه دائرة الجودة:

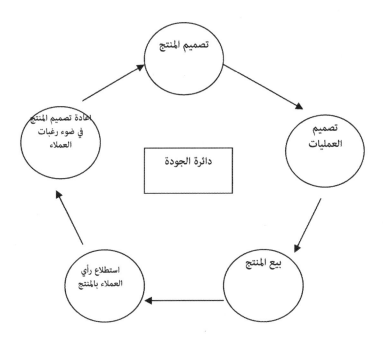

شكل رقم (١١)

وأشار ديمنج الى أن التحسين المستمر للجودة يجب أن يشمل كافة مجالات العمل في المنظمة، فالتحسين المستمر عملية كلية متكاملة وليست جزئية.

وقد وضع ديمنج إستراتيجية التحسين المستمر على شكل دائرة أيضاً أركانها أربعة، هي ما يلي:

- خطط **Plan** : خطط لأي تحسين تريد إدخاله وفي أي مجال من المجالات (تصميم المنتج، تصنيع المنتج..الخ)، واستخدم تحليل "باريتو **Pareto** " من أجل تحديد الجوانب الأكثر إلحاحاً من أجل تحسينها قبل غيرها.

- نفذ **Do** : إسعى إلى كشف الأخطاء، وحدد أسبابها المحتملة، وتحرى أسباب حدوثها، وحدد أكثرها إحتمالاً في الحدوث.

● فتش دقق Check : تحرى واكتشف فيما إذا كانت أفكارك وحلولك صحيحة وقابلة للتطبيق.

● إعمل Act : إذا حققت نجاحاً طبق حلولك بشكل واسع وسريع، واهجر كل شيء لم يحقق إنجازاً أو قد حقق فشلاً، وكل نجاح يجب صياغته على شكل معايير للاستفادة منه وجعله جزءاً من إستراتيجية المنظمة وثقافتها.

وفيما يلي الشكل التوضيحي لدائرة إستراتيجية التحسين المستمرة لديمنج:

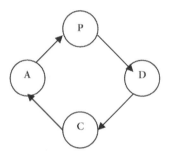

وأشار ديمنج في النهاية الى ضرورة إبعاد الخوف المصاحب لعمليات التحسين، وخلق المناخ المناسب الذي يزيل إحتمالية شعور العاملين، بأن التحسين المستمر هو همٌّ أو عبء أو عقاب بالنسبة لهم، بل إشعارهم بأنه تميز وتفوق على الآخرين.

٣ : تغيير هدف الرقابة من كشف الخطأ ومحاسبة المسؤول، إلى رقابة وقائية تهدف إلى، منع وقوع الخطأ وتقديم الدعم لمن يخطىء ليتخطى خطأه ويتابع ويستمر. وأشار إلى أن زيادة درجة التخصص في الانتاج والاقلاع عن التنويع، يساعدان على تقليل الأخطاء إلى حد كبير وتخفيض التكاليف. كما أشار إلى أهمية الفحص المتزامن للانتاج كرقابة وقائية، من أجل تقليل تكلفة فحص جودة المنتج بعد الانتهاء من تصنيعه.

٤ : توطيد العلاقة الحسنة مع الموردين، فالتعامل معهم يجب ألا يكون هدفه هو الحصول على المستلزمات بأرخص الأسعار، بل أن يقوم على أساس الحصول على مستلزمات العمل بأعلى جودة، فالعملاء خير معين للمنظمة في توفير الجودة في منتجاتها وتحسينها باستمرار، ويمكن إشراكهم في عملية التحسين من أجل توريد مستلزمات جيدة ومناسبة، وبالتالي فهناك مصلحة مشتركة بين المنظمة والموردين الذين تتعامل معهم.

٥ : التركيز على عملية التعليم والتدريب المستمرين بحيث تشمل كافة فئات العاملين في المنظمة، ويتم من خلالها شرح مفهوم الجودة كنظام، وإشعار كل فرد بأنه مسؤول عن تحقيق جزء معين من هذه الجودة الكلية. وأكد ديمنج على أن تكون أساليب التعليم والتدريب حديثة ومتطورة، تخدم عملية التحول من النهج الاداري القديم إلى النهج الحديث إدارة الجودة الشاملة.

٦ : التوقف عن إستخدام سياسة التقييم القائمة على أساس الكم، والتوجه الى سياسة التقييم على أساس الجودة النوعية المحققة، واعتبارها المعيار الأساسي للتقييم.

٧ : تنمية صفة القيادة لدى المديرين، فالقائد من وجهة نظر ديمنج هو:

● مدرب وليس قاضي ومحقق، فهو مساعد، ومساند، ومطور، ومحسن لأداء ومهارة مرؤوسيه، فهو ليس بحاكم يصدر أحكاماً تتعلق بالمكافآت والعقوبات فقط.

● هو الذي يكافح ويناضل من أجل إزالة العقبات داخل المنظمة.

● هو الذي يحدد الانحرافات، ويدرسها، ويحللها ليعرف أسبابها.

- هو الذي يستجيب لرغبات العملاء.

- هو الذي يخلق جواً من الثقة يسود أوساط العاملين.

- هو الذي يؤكد ويسعى الى التحسين المستمر للعمل.

- إن ٨٥% من أخطاء الانتاج لا تقع مسؤوليتها على العمال، بـل تقع عـلى القادة.

٨: الابتعاد عن فكرة وسياسة تحقيق الـربح بـأي وسـيلة كانـت، فهـذه النظـرة نظرة قصيرة الأمد، تؤثر سلباً في تحقيق مستوى جودة عالي وفي رضا العملاء. فالشراء بأسعار رخيصة لمستلزمات العمل من أجل تخفيض التكلفـة وزيـادة الـربح، سياسـة لا تنفـع تطبيـق إدارة الجـودة الشـاملة، فهـذا الأمـر سيضر ـ بمستوى جودة السلعة أو الخدمة ويؤثر بشكل سلبي في رضا العملاء.

٩: إزالـة كـل العوائـق والحـواجز التـي تمنـع العـاملين مـن تحقيـق إنجـازاتهم والتفاخر بها مثل:

- ضيق الوقت.

- ضعف كفاءة الآلات والأدوات المستخدمة.

- عدم توفر دعم الادارة.

- التركيز على التحفيز المادي وليس المعنوي.

١٠: السعي الى حل جميع الصراعات القائمة بين العاملين، وإحـلال التعـاون بـدلاً عنها، وأن يكون أسلوب العمل تعاوني من خلال فرق العمل.

١١ : التركيز على عملية التطوير والتحسين الذاتي لدى العاملين، وإكسابهم معارف ومهارات جديدة.

١٢ : توفير عنصر الاستقرار الوظيفي للعاملين، بحيث يقوم على أساس توفير الأمان لهم، وإبعاد شبح الخوف عنهم بتهديدهم بفقدان وظائفهم في أية لحظة، فالاستقرار يكفل للمنظمة وجود عنصر بشري لديه ولاء وإنتماء لها، ويجعلهم يعملون بفاعلية. إن إستمرار الأفراد بتنفيذ أعمالهم بشكل خاطىء وهم يعلمون بذلك هو نتيجة خوفهم، هذا الخوف يجعلهم يحجمون عن تقديم أية مبادرة إيجابية أو نافعة في سبيل تطوير العمل وتحسينه.

١٣ : إحداث تغيير جذري في الهيكل التنظيمي للمنظمة وتحويله من النمط التقليدي الى نمط يخدم تطبيق النقاط أو المبادىء السابقة، هذا النمط يقوم على أساس جعل العاملين يعملون على شكل فرق عمل ذات أهداف مشتركة، تخدم النهج الجديد إدارة الجودة الشاملة، وإزالة جميع العوائق القائمة بين التقسيمات الادارية وفرق العمل.

١٤ : العمل على ترسيخ المبادىء السابقة لدى جميع العاملين، وجعلها حقيقة وليست مجرد شعارات ينادى بها، وحثهم على تطبيقها والالتزام بها بشكل دائم ومستمر، وتقع هذه المسؤولية على الادارة العليا.

نموذج جوزيف جوران

كُلف الدكتور "جوزيف جوران" بتطوير الجودة في الصناعة اليابانية بعد الحرب الثانية عام ١٩٥٠ شأنه في ذلك شأن ديمنج، حيث ألف عدة كتب حول مسألة إدارة الجودة الشاملة، تناولها المختصون باهتمام عبر العالم، ونعرض فيما يلي المفاهيم التي إشتمل عليها نموذجه:

١: مستوى الجودة ذو علاقة مباشرة بمستوى رضا العميل، فيحدث الرضا عندما تكون جودة المنتوج (سلعة، خدمة) وأداءه عاليا المستوى والعكس من ذلك صحيح.

٢: موضوع إرضاء العميل من خلال الجودة ذو بعدين هما:

أ- تحديد إحتياجات ومتطلبات العميل، التي في ضوئها يتم تحديد مستوى الجودة المطلوب. وتتطلب هذه المسألة معرفة من هو المستخدم للسلعة أو الخدمة، وكيف وأين سوف يستخدمها، حيث بدون الاجابة عن هذه التساؤلات لا يمكن تحقيق الجودة المطلوبة.

ب- مراعاة وتوفير هذه المتطلبات عند تصميم وإنتاج السلعة أو تقديم الخدمة، بشكل نأتي بجودة تحقق الرضا لدى العميل وفق متطلباته.

٣: تتألف الجودة من شقين:

أ- الجودة الداخلية وتتعلق بمفهوم الزبون الداخلي.

ب- الجودة الخارجية وتتعلق بالمستهلك أو العميل الخارجي.

وكلا الشقين يشكلان سلسلة تدعى بسلسلة الجودة، حيث تبدأ بمرحلة

تصميم السلعة، وتنتهي بمستخدمها الزبون. ويقوم مفهوم الجودة الداخلية على فكرة سلسلة الجودة التي ترتكز على مبدأ الممول والمستهلك الداخلي، حيث تعبر المرحلة السابقة ضمن العملية الواحدة عن الممول والمرحلة التالية عن المستهلك، فكل حلقة من حلقات هذه السلسلة عليها توفير مستوى الجودة المطلوب الذي ترضي المستهلك (الحلقة أو المرحلة التالية) وهكذا. وبالتالي يقوم مفهوم السلسلة على "نموذج الأدوار الثلاثة" **The Three Rol Model** في كل مراحل العملية الواحدة (السلسلة) على النحو التالي:

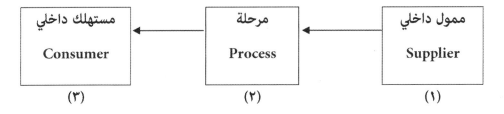

ممول داخلي
Supplier
(١)
مرحلة
Process
(٢)
مستهلك داخلي
Consumer
(٣)

وأشار جوران إلى أنه في كل مرحل أو كل حلقة من حلقات سلسلة الجودة، هناك فرصة أو إمكانية لادخال التحسينات على الجودة.

٤ : ركز جوران على أهمية وضرورة التحسين المستمر للجودة، وذلك من خلال أو عن طريق برامج أسماها "بمشاريع تحسين الجودة المتتالية"، ومشاريع التحسين هذه يمكن أن تقترحها أية جهة في المنظمة: الادارة، الأخصائيون، العمال..الخ

٥ : صنف جوران تكاليف الجودة ضمن ثلاث فئات هي:

- تكاليف الاخفاق أو الفشل **Failure Costs:** وتشتمل على تكاليف تصحيح الأخطاء وإعادة العمل من جديد بشكله الصحيح، كما تشتمل على تكاليف خسارة زبون أو عميل نتيجة إنخفاض مستوى الجودة.

● تكاليف القياس Appraisal Costs : وتشتمل على تكاليف فحص الانتاج.

● تكاليف الحماية أو المنع Prevention Costs : وتشتمل على تكاليف الرقابة الوقائية والتعليم والتدريب.

وأشار جوران إلى ضرورة تلافي النوع الأول من التكاليف، ذلك لأنه ليس لها عائد، وتحتاج إلى تكثيف جهود الادارة من أجل تلافيها.

٦ : ربط جوران مسألة الجودة وتحسينها بمدى كفاءة الادارة، حيث له مقولة شهيرة مفادها:

تحقيق الجودة لا يكون بالعمل الإرتجالي، فالجودة لا تأتي بالصدفة، بل نحققها من خلال كفاءة ثلاثية إدارة الجودة وهي:

● تخطيط جيد من أجل تحقيق مستوى عالي من الجودة.

● رقابة فعالة على الجودة.

● تحسين مستمر للجودة لجعلها بمستوى أفضل دائماً.

وفيما يلي شكل يوضح هذه الثلاثية :

شكل رقم (١٣)

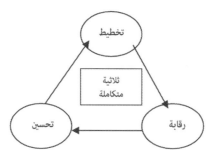

وقام جوران بتوضيح مضمون كل عملية فيما يلي:

أ- تخطيط الجودة:

ويشتمل على ما يلي:

- تحديد من هم عملاء المنظمة.

- تحديد حاجات ومطالب وتوقعات العملاء.

- تصميم السلعة أو الخدمة بشكل أو بمواصفات وجودة تلبي حاجات ومطالب وتوقعات العملاء.

- تصميم العمليات بشكل تكون قادرة على توفير الجودة المطلوبة.

- وضع خطة تحقيق الجودة موضع التنفيذ.

ب- الرقابة الفعالة على الجودة:

وتشتمل على ما يلي:

- قياس الأداء أو الانجاز المتحقق.

- مقارنة الانجاز بالمعايير الموضوعة للجودة.

- تحديد الانحرافات عن المعايير واتخاذ التدابير اللازمة حيالها.

- الرقابة الفعالة هي الرقابة المستمرة.

- الرقابة الفعالة تستخدم الأساليب الاحصائية.

جـ- التحسين المستمر للجودة:

ويشتمل على ما يلي:

- تحديد أهداف عملية التحسين المستمر.

- تنمية وعي جميع العاملين في المنظمة حول أهمية التحسين المستمر.

- تنظيم عمل الأفراد بشكل يساعد على تحقيق عمليات التحسين.

- تدريب العاملين وتنمية قدرتهم على العمل الجماعي وحل المشكلات.

- التحسين الفعال هو الذي يقوم على أساس المشاركة.

- التحسين عملية شاملة.

- التحسين هو العمود الفقري لإدارة الجودة الشاملة.

٧- أشار جوران الى ضرورة إيجاد جهة تكون مسؤولة عن الاشراف العام على تطبيق عمليات تحسين الجودة داخل المنظمة وأسماها بمجلس الجودة Quality Council الذي يقوم بما يلي:

- تحديد أهداف التحسين.

- تحديد إحتياجات التحسين.

- وضع برامج التدريب والتنمية.

- التنسيق بين مشاريع التحسين.

وهذا المجلس يكون همزة الوصل بين الادارة العليا في المنظمة والمسؤولين عن مشاريع تحسين الجودة.

٨- أكد جوران على ضرورة إيجاد مناخ تنظيمي مناسب لتشجيع العاملين على روح المبادأة والابداع، وهذا يستدعي بالضرورة إحداث تغييرات في المفاهيم والمعتقدات التنظيمية، وهذه التغييرات ستواجه بمقاومة، التي يجب التفاعل معها بشكل إيجابي للتخلص منها، عن طريق الإقناع لا بالقوة والعنف.

٩ : أشار جوران إلى ضرورة التعامل مع المشكلات وحلها باسلوب علمي، يعتمد على جمع المعلومات لتحديد أسباب المشكلة والتعرف عليها بشكل جيد، ووضع الحل المناسب الذي يجب إختياره قبل التنفيذ. وعند التعامل مع المشكلات يجب وضع أولوية لها، بحيث نبدأ بحل المشاكل حسب ترتيب أهميتها. وقد اقترح البدء بحل المشكلة ذات الحدوث المتكرر، فالتكرار يعطيها أولوية الحل.

نموذج مالكوم بالدريج

مالكوم بالدريج أحد رواد إدارة الجودة الشاملة الأمريكية، الذي خصصت جائزة بإسمه، تم إقرارها بشكل قانوني عام ١٩٨٧ في عهد الرئيس الأمريكي "رونالد ريجان" بحيث تمنح للشركات الأمريكية التي تنجح في تطبيق معايير نموذجه. ويشرف على هذه الجائزة وعلى تنافس الشركات للحصول عليها "المعهد الوطني للمعايير والتكنولوجيا الأمريكية National Institute of Standards and Technology " (NIST) ونشير في هذه المناسبة الى أن العديد من الشركات البريطانية إستخدمت معايير بالدريج، كإطار لقياس وتقييم جهودها المبذولة في مجال تطبيق وتحقيق أهداف إدارة الجودة الشاملة فيها، لكن ليس لهذه الشركات الحق في دخول المنافسة مع الشركات الأمريكية، لأن الجائزة مخصصة حصراً للشركات الأخيرة، ويحق الدخول في منافسة جائزة بالدريج شركات الأعمال الصناعية والخدمية على حد سواء. وتشتمل جائزة بالدريج على إطار عام يوضح مفهوم إدارة الجودة الشاملة، وهدفها، ومتطلبات تحقيقها، بشكل يمكن للشركات أن تتبناه وتطبقه لديها. وقد هدف بالدريج من وراء جائزته إلى ما يلي:

• إيجاد روح المنافسة الشريفة بين الشركات الأمريكية في مجال تحقيق الجودة وخدمة المجتمع.

- توحيد سياسة الشركات الأمريكية من أجل تطبيق منهج إدارة الجودة الشاملة وتحسينها.

- تحديد سبل تحقيق الجودة.

- وضع أسس إرشادية للتقييم الذاتي في مجال تحقيق الجودة وتحسينها.

- الدعاية للشركات التي تفوز في المنافسة والحصول على الجائزة.

ويقوم بتحديد الشركة الفائزة خلال المنافسة، لجنة من الاخصائيين من الجهاز الحكومي الأمريكي ومن حقل الصناعة، حيث يقومون بفحص مستوى الجودة في الشركات المتنافسة، باستخدام معايير لها أوزان على شكل نقاط، والشركة الفائزة هي التي تحصل على أكبر عدد من النقاط. ومن الشركات التي حازت على جائزة بالدريج شركة موتورولا عام ١٩٨٧ وشركة ويستنجهاوس عام ١٩٨٨ وشركة كاديلاك عام ١٩٨٩، وشركة **IBM** عام ١٩٩٠، وعدد من الشركات الأخرى، ونوضح فيما يلي معايير جائزة بالدريج فيما يلي:

<u>عدد النقاط</u>

القيادة ١٠٠ نقطة موزعة على ما يلي:

- كفاءة القيادة التنفيذية .	٤٠
- مدى إهتمام القيادة بالجودة .	١٥
- كفاءة إدارة الجودة .	٢٥
- تحقيق المسؤولية الشاملة للجودة .	٢٠

المعلومات وتحليلها ٧٠ نقطة موزعة على ما يلي:	
- نطاق إدارة جودة المعلومات والبيانات .	٢٠
- المعلومات المتعلقة بالمعايرة .	٣٠
- تحليل معلومات وبيانات الجودة .	٢٠
تخطيط إستراتيجية الجودة ٦٠ نقطة موزعة على ما يلي:	
- عملية تخطيط استراتيجية الجودة .	٣٥
- خطط وأهداف الجودة .	٢٥
إستخدام الموارد البشرية ١٥٠ نقطة موزعة على ما يلي:	
- إدارة الموارد البشرية .	٢٠
- سياسة إدماج العاملين ومشاركتهم.	٤٠
- التعليم والتدريب في مجال الجودة .	٤٠
- إحترام العاملين وتقدير أدائهم .	٢٥
- مستوى الروح المعنوية لدى العاملين .	٢٥
تأكيد الجودة في المنتجات والخدمات ١٤٠ نقطة موزعة على ما يلي:	
- جودة تصميم السلعة أو تقديم الخدمة .	٣٥
- عملية الرقابة على الجودة .	٢٠
- عملية التحسين المستمر للجودة .	٢٠
- تقييم الجودة.	١٥
- التوثيق .	١٠

- خدمة دعم الجودة .	٢٠
- جودة الممول .	٢٠
نتائج الجودة ١٨٠ نقطة موزعة على ما يلي:	
- نتائج مستوى جودة السلعة أو تقديم الخدمة.	٩٠
- نتائج جودة العمليات وخدمة دعم الجودة .	٥٠
- نتائج جودة الممول .	٤٠
رضا العميل ٣٠٠ نقطة موزعة على ما يلي:	
- تقرير متطلبات وتوقعات العميل .	٣٠
- إدارة العلاقة مع العميل .	٥٠
- معايير خدمة العميل .	٢٠
- الاهتمام بالعميل .	١٥
- حل الشكاوى من أجل تحسين الجودة.	٢٥
- تحديد مستوى رضا العميل .	٢٠
- نتائج رضا العميل .	٧٠
- مقارنة رضا العميل مع الرضا في الشركات المنافسة.	٧٠
المجموع الكلي	١٠٠٠

بعد الاستعراض السابق لمعايير جائزة بالدريج وأوزانها، نعرض أبرز المفاهيم التي قدمها عن إدارة الجودة الشاملة في نموذجه فيما يلي:

عرف بالدريج إدارة الجودة الشاملة بما يلي:

إدارة الجودة الشاملة ليست مجرد برنامج إضافي تطبقه المنظمة، تهدف من ورائه تحسين مستوى الجودة لديها، في ظل الابقاء على فلسفتها الحالية ونهجها الاداري القائم الذي تسير عليه، بل إنها ثورة على القديم، وتغيير جذري وشامل لكل مكونات المنظمة، وفلسفة إدارية جديدة.

هدف نموذج بالدريج

يتكون هدف نموذج بالدريج من شقين إثنين هما:

١: إرضاء العميل من خلال تقديم جودة عالية له وبشكل مستمر، وذلك وفق ما يريده ويتوقعه.

٢: تقديم المنفعة والخير للبيئة والابتعاد عن أي تصرف يضر بها.

مكونات نموذج بالدريج

من يقرأ مضمون نموذج بالدريج، يجد أنه قد صور مفهومه عن إدارة الجودة بنظام متكامل، يسعى إلى تحقيق الرضا لدى عملاء المنظمة، ويمكن تصوير هذا المفهوم بالشكل التالي:

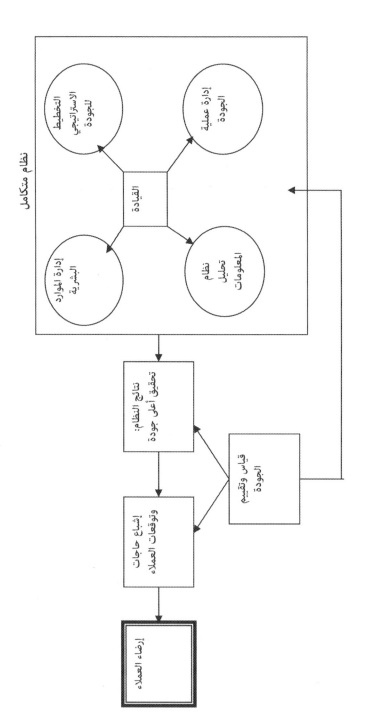

شكل رقم (١٤)

القيادة
إدارة عملية الجودة
إشباع حاجات وتوقعات العملاء
إرضاء العملاء

وسنعمد فيما يلي إلى شرح مكونات هذا النظام حسب الترتيب الموضح في الشكل السابق:

القيادة الادارية

وتشكل محور النظام المتكامل الـذي يسعى إلى تحقيق الجـودة، باعتبار أنها المسؤول الأول وبشكل مباشر عن إرضاء العمـلاء، وقـد أعطى بالـدريج أهمية خاصة للادارة الوسطى والمباشرة، كـما أعطى أهمية الى ضرورة توفر القناعـة الكافيـة لـدى القيادة بجدوى وفائدة إدارة الجودة الشاملة، وأشار إلى أن القناعة لا تكفي لوحدها، بل يتطلب الأمر وجود الحماسة لها. وأكد بالدريج في مجال القيادة الادارية، على أهمية توفر درجة عالية من الاحسـاس بالمسؤولية الاخلاقيـة والاجتماعيـة لـديها تجاه البيئـة والمجتمع والصحة العامة.

التخطيط الإستراتيجي للجودة

وضح بالدريج أن التخطيط الإستراتيجي للجودة هو عملية متكاملة، وأشار الى ضرورة جعل خطط تحقيق الجودة مترابطة، ويسعى جميعها إلى تحقيق أهداف هذا التخطيط، الذي يشتمل على الجوانب الرئيسية التالية:

- وضع أهداف إستراتيجية بعيدة الأجل تركز على إرضاء العميل.

- وضع ثقافة تنظيمية جديدة بدلاً من المعمول بها حالياً.

- إدخـال تغييرات جذريـة عـلى الأداء التنظيمـي، تهـدف إلى تحقيق الرضـا لـدى العميل.

نظام تحليل المعلومات

يشتمل هذا النظام على الجوانب التالية:

- جمع المعلومـات وتحليلهـا وتوفيرهـا في الوقـت المناسـب لمن يحتـاج اليهـا، بما يخدم تحقيق عملية الجودة الشاملة، وتشتمل هـذه المعلومـات على كـل شيء، وخاصة المعلومات عن الموردين، وعن العملاء، وعن المنافسين، وعن حالة السوق.

- تحديث المعلومات وبشكل مستمر.

إدارة عملية الجودة

وقصد مالكوم بها تصميم العمليات وإدارة جودتها وتتضمن الجوانب التالية:

- تشمل إدارة عمليـة الجودة عمليـات: تصميم المنتج، التصنيع، إدارة المـواد، رقابـة وتقييم الجودة.

- تصميم جميع العمليات بشكل تؤدي الى تلبية حاجات ورغبات العميل وتحقيق الرضا لديه، وهذا الأمر يجب أن يكون واضحاً للجميع.

- التأكيد على وجوب منع حدوث الأخطاء في العمليات، من خـلال تبني رقابـة فعالـة على الجودة أثناء تنفيذ العمليات وسلسلة الجودة الداخلية.

- توفير درجة عالية من المرونة والسرعة في العمل.

- التأكيد على التحسين المستمر لجودة العمليات.

- إستخدام سجلات ومستندات تتعلق بالجودة لأغراض الرقابة والتقييم.

- التأكيد على إختيار المورد الجيد الذي يوفر المستلزمات بدرجة عالية من الجودة.

إدارة وتنمية الموارد البشرية

يشتمل هذا العنصر على جوانب متعددة تتعلق بجودة تشغيل وإستثمار الموارد البشرية وهي ما يلي:

- تبني أسلوب فرق العمل لتحقيق التعاون والجهود المشتركة.

- مشاركة العاملين وإدماجهم في تخطيط الجودة الشاملة، مسألة ضرورية.

- تسهم سياسة التحفيز الإنساني في رفع الروح المعنوية لدى العاملين، وبشكل خاص تقدير جهودهم المبذولة في إنجاح إدارة الجودة الشاملة.

- تعليم وتدريب الموارد البشرية مسألة ذات علاقة مباشرة بتطبيق إدارة الجودة الشاملة، فهما يساعدان على رفع مقدرتها على تطبيقها بشكل جيد.

- من الأهمية بمكان العناية بصحة وسلامة العاملين.

- تبني سياسة لقياس وتقييم أداء العاملين مسألة جوهرية للوقوف على مستوى جودة هذا الأداء وتحسينه.

قياس وتقييم الجودة

ويشتمل على الجوانب التالية:

- توفير نظام لقياس وتقييم مستوى الجودة المنجز في جميع العمليات.

- مقارنة مستوى الجودة المنجز مع مستوى الجودة الذي حققه المنافسون، وذلك عن طريق توفير معايير لهذه المقارنة.

رضا العميل (الزبون)

مستوى رضا العميل، هو نتاج أو إنعكاس لمستوى الجودة المحقق في السلعة أو الخدمة المقدمة له، وتحقيق هذا الرضا يتطلب ما يلي:

- تحديد ودراسة حاجات ومطالب العميل، من أجل معرفتها والعمل على تلبيتها.
- التفاعل المستمر مع العميل من خلال الاتصال به.
- قياس ردود فعل العميل وإتجاهاته وشعوره نحو المنظمة ومستوى رضاه عنها.
- يجب إعتبار مستوى الجودة المطلوب من العميل، التزام من المنظمة نحوه.
- قياس درجة رضا العميل لا تكفي لوحدها، بل يتطلب الأمر مقارنة هذه الدرجة من الرضا مع درجة رضا العملاء لدى المنظمات المنافسة.

نموذج Victory - C

قدم هذا النموذج شخص يدعى "جيمس سايلور James Saylor " ويشتمل على الفكرة العامة التالية:

"وضع رؤية واضحة عن نظام إدارة الجودة الشاملة، مع ضرورة توفير القيادة الادارية الجيدة القادرة على وضع هذه الرؤية موضع التطبيق وجعلها حقيقة". ويمكن تصوير هذه الرؤية ومكوناتها بالشكل التالي:

شكل رقم (١٥)

الشكل التوضيحي للرؤية والتصورات المستقبلية

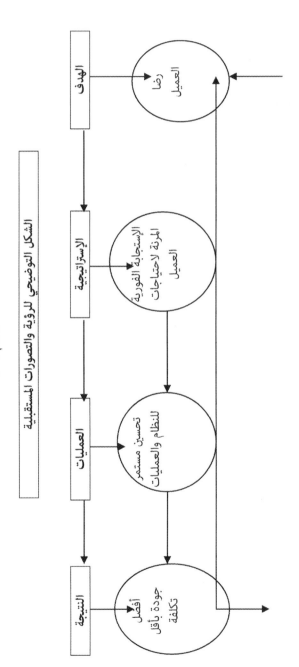

الهدف
الإستراتيجية
العمليات
النتيجة
رضا العميل
الإستجابة الفورية المرنة لاحتياجات العميل
تحسين مستمر للنظام والعمليات
أفضل جودة بأقل تكلفة

من خلال الشكل السابق يمكن تحديد المعالم الرئيسية لنموذج Victory.C بما يلي:

١- الهدف الأساسي لإدارة الجودة الشاملة هو إرضاء العميل.

٢- جعل رضا العميل الاستراتيجية التي ستسير عليها المنظمة، وهذا يتطلب دراسة إحتياجاته ومطالبه، والسعي الى تلبيتها فوراً وبأعلى درجة من المرونة.

٣- جعل فكرة أن العميل يدير المنظمة حقيقة وواقع وليس خيالاً أو شعاراً تنادي به المنظمة فقط.

٤- رضا العميل يتحقق من خلال أعلى مستوى جودة وبأقل تكلفة.

٥- التحسين المستمر للجودة مطلب أساسي لجعل رضا العميل دائم، وعملية التحسين تتطلب تخطيطاً يشتمل على الخطوات التالية:

- إجراء مسح ميداني شامل لكافة مجالات العمل داخل المنظمة، وذلك للتعرف وفهم وتحديد مجالات التحسين.
- تحديد مجالات التحسين مع مراعاة التخصص.
- دراسة مجال التحسين بشكل جيد من كافة الجوانب، وتحديد وسائل التحسين، والعوامل المؤثرة فيه.
- تنفيذ التحسين ومتابعته وتقييمه.
- تقوم عملية التحسين على أساس المشاركة فهي مسؤولية كل فرد داخل المنظمة.

٦- بما أن الجودة هي مسؤولية الجميع، يجب تحديد مسؤوليات كل فرد بشكل واضح ودقيق، منعاً للازدواجية والتداخل والتكرار في تنفيذ الأعمال.

٧- التعليم والتدريب المستمرين مطلب أساسي من أجل تحقيق الجودة.

٨- وضع سياسة للتحفيز الانساني تشتمل على حوافز مادية ومعنوية، ويتم تقديم الحوافز على أساس الجهد الجماعي وليس الفردي.

٩- توفير الدعم الكامل والمستمر من قبل الادارة العليا، وبث روح الحماسة في نفوس العاملين تجاه تطبيق برنامج إدارة الجودة الشاملة.

١٠- وجود ضرورة لمعرفة مستوى أو درجة رضا العميل، وهذا الأمر يستوجب متابعة وقياس وتقييم هذا الرضا لتحديد مستواه.

نموذج همبر

يتكون نموذج Hamber من العناصر التالية:

الهدف

يتمثل هدف إدارة الجودة الشاملة وبرنامجها بخلق الرضا لدى العميل، وللوصول إلى ذلك يجب دراسة إحتياجاته ومطالبه وتوقعاته، وأن تكون هذه الدراسة ذات صفة مستمرة، للاطلاع بشكل دائم على ما يريده، وأن يسعى برنامج إدارة الجودة الشاملة ويركز جهوده على تلبية هذه المطالب.

القيادة

يتطلب تطبيق إدارة الجودة الشاملة أن يتوفر لدى القيادة الادارية ما يلي:

- القناعة بجدوى وفائدة إدارة الجودة الشاملة.

- الحماسة والجدية والالتزام في تطبيق برنامج إدارة الجودة الشاملة.

- توفيرهـا الـدعم المسـتمر والمسـاندة لكافـة الجهـود المبذولـة في مجـال إدارة الجـودة الشاملة.

تصميم الجودة

ويشتمل على:

- التعرف على حاجات وتوقعات العميل.

- تصميم العمليات بشكل تلبي هذه الحاجات والتوقعات.

- توفير الجودة في تصميم العمليات.

الهيكل التنظيمي

تحتـاج إدارة الجـودة الشـاملة وبرنامجهـا، الى تكـوين الأجهـزة التـي سـتتولى التخطيط للبرنامج، ومتابعته، وتقييمه، وتشخيص المشكلات، ووضع الحلـول لهـا. والاجهزة التي يشتمل عليها الهيكل التنظيمي ما يلي:

- مجلس إستشاري.

- مجلس تنفيذي.

- منسق عام.

- فرق من أجل التدريب والاشراف.

التعليم والتدريب

إن تهيئة وإعداد جميع العاملين في مختلف المستويات التنظيمية داخل المنظمة فكرياً ونفسياً لفهم وإدراك برنامج إدارة الجودة الشاملة وتقبل مفاهيمه وأفكاره أمر ضروري، وذلك من أجل ضمان تعاونهم والتزامهم، وإقناعهم به، وتقليل درجة مقاومتهم للبرنامج، الذي سيحدث تغييرات جذرية في كل شيء داخل المنظمة.

تشكيل فرق العمل

تسعى هذه الفرق إلى تحسين الجودة، وذلك من خلال تحديد المشاكل المتعلقة بها ووضع السبل لحلها، ويقوم تشكيل هذه الفرق على أساس ضمان مشاركة جميع العاملين فيها.

نظام الاتصال والمعلومات

لتسهيل عمل تحسين الجودة، يستوجب الأمر توفر نظام جيد للاتصال وجمع المعلومات، يسهم بشكل فعال في تبادلها بسرعة ويسر.

التحسين المستمر

يتطلب التحسين المستمر ما يلي:

- متابعة تنفيذ العمليات ورصد المشاكل باستمرار، من أجل التدخل لحلها مباشرة.
- دراسة مطالب العميل باستمرار لأخذها بعين الاعتبار في عمليات التحسين.

النموذج الدائري

ظهر هذا النموذج في الولايات المتحدة الأمريكية، وحقق نجاحاً في الشركات التي طبقته، ويتكون من ثلاثة عناصر رئيسية، تسعى نحو تحقيق هدف إستراتيجي هو تحقيق رضا العميل، من خلال إشباع حاجاته ورغباته، ويعتبر هذا الاشباع هو المحور الذي تدور حوله هذه العناصر التي يقوم عليها النموذج، وفيما يلي شكل يوضحها:

شكل رقم (١٦)

ماذا
من
كيف
التخطيط الاستراتيجي
لتحقيق
هدف استراتيجي
اشباع حاجات
ورغبات
العميل
رضا العميل
وولاءه
المارسات الادارية اليومية
وظائف المنظمة وحدة واحدة متكاملة
ماذا
من
كيف
ماذا
من
كيف

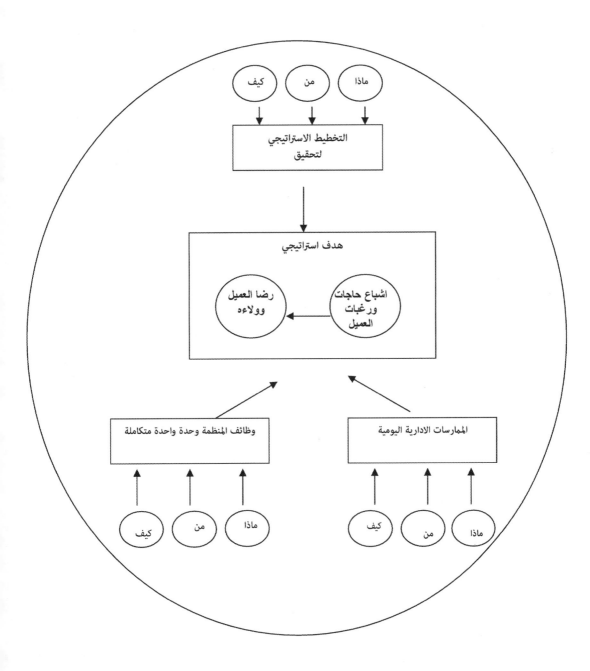

وقد إستخدم النموذج ثلاثة أسئلة إرشادية متكررة في كل عنصر، وذلك من أجل تخطيطه وتحديد مكوناته الفرعية، التي سيتم من خلالها تنفيذ النموذج، وهذه الأسئلة ما يلي:

● ماذا يُنفذ؟

● من يُنفذ؟

● كيف يتم التنفيذ؟

وباستخدام هذه الاسئلة الارشادية في تحديد المكونات الفرعية لكل عنصر من عناصر النموذج، أمكن التوصول الى الشكل التالي المتكامل، الذي يوضح مكوناته الرئيسية والفرعية:

شكل رقم (١٧)

من ينفذ؟
ماذا ينفذ؟
كيف يتم التنفيذ؟
* جماعات عمل
* لجان عمل رئيسية
على كافة المستويات
تغيير جوهري في
الفلسفة والأداء
التنظيمي
* التخطيط
* التنسيق
* التكامل
* الاتصالات
* نظم المعلومات
* المراجعة
الاستراتيجية
رغبة
العميل

وسنعمد فيما يلي الى شرح وتوضيح النموذج الدائري بعناصره الرئيسية والفرعية، بالاستعانة بالأسئلة الارشادية التي إستخدمها النموذج:

العنصر الأول: الاستراتيجية

طالما أن هدف إدارة الجودة الشاملة هو إحداث الرضا لدى العميل، وبما أن هذا الهدف هو الأساس الذي يتطلب إحداث تغييرات جذرية في مكونات المنظمة، نجد إذن بأن عمليات التحسين المؤقتة للجودة وفي بعض العمليات، لا تجدي نفعاً إلا للأجل القصير. لذلك من الضروري ولخدمة أغراض الجودة الشاملة، لابد من تبني التخطيط الاستراتيجي الشامل الطويل الأجل، الذي يعمل على تكثيف وتوحيد وتكامل كافة الجهود في المنظمة، وتسخيرها لتحقيق هدف إستراتيجي، ألا وهو إرضاء العميل. وباستخدام الأسئلة الثلاث المبينة في الشكل السابق، نحصل على العناصر الفرعية للتخطيط الاستراتيجي، وذلك على النحو المبين فيما يلي:

ماذا يُنفذ؟

إدخال تغييرات جذرية شاملة في الفلسفة التنظيمية والأداء التنظيمي، في ظل تشجيع روح المبادأة والإبتكار لدى جميع العاملين في المنظمة.

من يُنفذ؟

يتولى التنفيذ لجان عمل رئيسية وفرق عمل، تضم في عضويتها أفراداً من كافة المستويات الادارية في المنظمة.

كيف يتم التنفيذ؟

مـن الطبيعـي أن تحقيـق هـدف أيـة إسـتراتيجية يتطلـب وضـع تخطـيط إستراتيجي، يترجم الى تخطيط متوسط وقصير الأجـل، بحيـث يكـون إمتـداداً للتخطـيط الأول، ويضعانه موضع التنفيذ. والتخطيط الجيد أيا كـان نوعـه ومسـتواه، لابـد مـن أن يراعي أمرين أساسيين معروفين للجميع هما:

- التكامل بين مكونات التخطيط الاستراتيجي.
- التنسيق بين كافة الجهود التخطيطية والتنفيذية.

العنصر الثاني: الممارسات الادارية اليومية

يتطلـب تنفيـذ العمليـات اليوميـة وجـود مجموعـة مـن الأسـاليب الاداريـة، تجري بموجبها عملية التنفيـذ، وبالتـالي تلعـب هـذه الأسـاليب دوراً أساسـياً في الضبط والسيطرة على جميع هذه الممارسات التي تجري داخل المنظمة، في سبيل تحقيق أعـلى مستوى من الجودة في الأداء والتحسين، وباستخدام الأسئلة الارشادية الثلاثة نحصل على ما يلي:

ماذا يُنفذ؟

يتم في هذا المجال وضـع معـايير عـلى شـكل ضـوابط تـنظم جميـع الممارسـات الادارية، التي يتم من خلالها تنفيذ كافة العمليات داخل المنظمة، وتهدف هذه

المعايير الى توجيه الأداء الكلي في المنظمة نحو تحقيق أعـلى جـودة، مـن خـلال تبني سياسة التحسين المستمر لها.

من يُنفذ؟

الطبيعي أن يكون كل فرد في المنظمة رئيساً أو مرؤوساً معنـي ومسـؤول عـن تحقيق الجودة وتحسينها، فإدارة الجودة الشاملة مسؤولية الجميـع، سـواء أكـان الفـرد يعمل ضمن فريق عمل، أو حلقة جودة، أو أي موقع آخر.

كيف يتم التنفيذ؟

يتطلـب تحقيـق الجـودة وتحسـينها المسـتمر، أن تسـتخدم المنظمـة مجموعـة مـن الأسـاليب الاحصـائية الكميـة، التـي يمكـن بوسـاطتها جمـع المعلومـات والحقـائق عن الممارسات اليومية المتعلقة بالأداء، من أجل رصد المشاكل والعمل على تلافيها.

العنصر الثالث: وظائف المنظمة وحدة واحدة متكاملة

ينظر النموذج الدائري الى المنظمة على أنها نظام كلي يتكون من أنظمة فرعية، تمثل الوظائف التي تنفذ بداخلها من أجل تحقيق هدفها الاستراتيجي، وهـذه الأنظمـة الفرعية أو الوظائف، تتفاعل مـع بعضها وتتكامل بشكل متناسق ومتنـاغم، وبالتـالي فأداؤها ذو تأثير متبادل، فأي خلل في إحداها سيؤثر في الأخرى وهكذا. وباستخدام الأسئلة الارشادية نحصل على ما يلي:

ماذا يُنفذ؟

محور التنفيذ بالنسبة لجميع الوظائف هو تحقيق الجودة، والسعي إلى تحسينها بشكل مستمر من قبل الجميع، من خلال التعاون والتكامل.

من يُنفذ؟

إدارة الجودة الشاملة عملية متكاملة لا يكفي أن تقوم جهة أو أكثر بتنفيذ ما هو مطلوب منها دون الأخرى، فهذه العملية ترتكز على ثلاثة أركان هي: العنصر- البشري الذي يحرك وظائف المنظمة، والموردون كجهة داعمة وشريكة في عملية تحقيق الجودة، ورأي العملاء وإقتراحاتهم التي تعتبر الأساس من أجل تحسين الجودة.

كيف يتم التنفيذ؟

من أجل تحقيق ما تقدم يتطلب الأمر تبني: نظام إتصالات جيد وفعال، وكذلك نظام للمعلومات، يغذى من خلال إجراء مسوحات ميدانية، لاستقصاء آراء المعنين بالجودة وتحسينها وهم: العملاء، الموردون، والعاملون بمختلف مستوياتهم، وهذين النظامين يحتاجان إلى رقابة مستمرة تعتمد على تدقيق ومراجعة كل شيء.

نموذج الجائزة الأوروبية للجودة

وضعت هذه الجائزة من قبل المؤسسة الأوروبية لإدارة الجودة Europian
Foundation Quality Management (EFQM) وذلك على غرار جائزة بالدريج
للجودة الشاملة التي تعرضنا اليها بالشرح سابقاً. لقد خصصت هذه الجائزة للشركات
الأوروبية فقط، واشتملت على مجموعة من العناصر أو المعايير، خصص لكل منها عدد
من النقاط حسب مدى أهميته، وتشكل هذه العناصر أو المعايير مجتمعة نموذج إدارة
الجودة الشاملة من وجهة نظرها.

ونود الاشارة إلى أن من يقرأ نموذج الجائزة الأوروبية، سيخرج بنتيجة مفادها:
أن إدارة الجودة الشاملة في نظرها نظام System متكامل، يتكون من مدخلات، يوجهها
ويسيطر عليها ويسيرها قيادة إدارية فعالة، للوصول إلى مخرجات محددة، وفيما يلي
شكل توضيحي يبين هذا النظام ومكوناته:

شكل رقم (١٨)

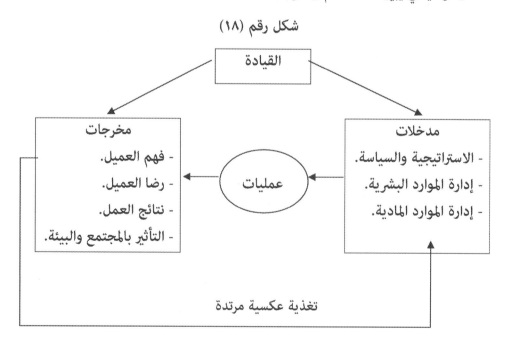

ونعرض فيما يلي شرح موجز لمضمون مكونات النظام، وعدد النقاط التي

حددت لكل عنصر فيه:

القيادة ١٠٠ نقطة :

القيادة هي الرأس المفكر، والموجه، والمنسق لنظام إدارة الجودة الشاملة، فهي التي تدير عناصر المدخلات، وهي التي تحرك العمليات والأنشطة، من أجل تحقيق المخرجات والتأكد من مستوى جودتها، وبالتالي يتوقف نجاح النظام على مدى كفاءة وفاعلية جميع المديرين في المنظمة، وفي كافة المستويات الادارية.

المدخلات

تتكون المدخلات من العناصر (المعايير) التالية :

١ الاستراتيجية والسياسة (٨٠) نقطة: وتعبر عن النهج العام، والرؤية البعدية الأجل، والتصور المستقبلي المطلوب تحقيقه من خلال تطبيق إدارة الجودة الشاملة. أما السياسة فتعبر عن الاطار العام الذي يحكم سير وتنفيذ العمليات داخل المنظمة، وبالتالي فهي عبارة عن ضوابط تسعى جميعها إلى تحقيق جودة عالية وتحسينها بشكل مستمر.

٢ إدارة الموارد البشرية (٩٠) نقطة: ويعبر هذا المعيار عن مدى كفاءة إستخدام العنصر البشري داخل المنظمة وتشغيله.

٣ إدارة الموارد المادية (٩٠) نقطة: يعبر هذا العنصر عن مدى كفاءة المنظمة في إستخدامها وإستثمارها لكافة الموارد المادية التي تستخدمها، كالآلات والمواد وغيرها.

العمليات ١٤٠ نقطة:

وتمثل كافة الأنشطة التي يؤديها العنصر البشري في المنظمة من أجل تحقيق الجودة، وهذا العنصر يستخدم مجموعة من الأدوات والوسائل المساعدة له في تحقيق المطلوب.

المخرجات

تمثل المخرجات نتائج العمليات التي مطلوب منها تحقيق ما يلي:

١ فهم العميل (٢٠٠) نقطة: ويشتمل على مدى إدراك المنظمة وفهمها لحاجات ومطالب العمبل الخارجي.

٢ الرضا لدى العملاء (٩٠) نقطة: ويشتمل أو يعبر عن شعور العملاء وإتجاهاتهم نحو المنظمة.

٣ نتائج العمل (١٥٠) نقطة: وتعبر عن مدى كفاءة الأداء من خلال مستوى جودة السلعة أو الخدمة المقدمة للعميل.

٤ التأثر بالمجتمع والبيئة (٦٠) نقطة: ويعبر عن مدى تفهم المنظمة لظروف وإحتياجات المجتمع المحيط.

ويكون المجموع الكلي لعدد النقاط (١٠٠٠) نقطة.

نموذج شركة IBM

يسعى هذا النموذج الذي بُدأ بتطبيقـه عـام ١٩٨٣ الى تحقيـق أربعـة أهـداف رئيسية، تعبر عن إستراتيجية إدارة الجودة الشاملة المطبقة في هذه الشركة، ونبيـن هـذه الأهداف في الشكل التالي:

شكل رقم (١٩)

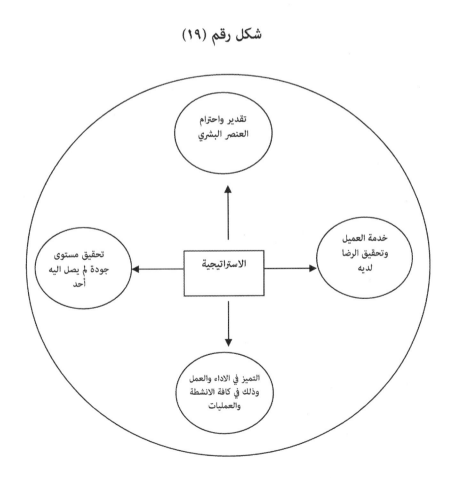

ويتكون نموذج الشركة في ضوء إستراتيجيتها المبينة آنفاً من العناصر التالية:

١ | تتمثل الغاية الأساسية للإدارة العليا في الشركة في تحقيق مستوى عالي جداً من الجودة، وهذا يستدعي الوصول إلى منتجات خالية من العيوب. وتحقيقاً لهذا الأمر، يجب تسخير كافة الجهود فيها، من أجل تحقيق هذه الغاية. وكمساهمة فعالة لإنجاز ذلك، إعتمد نموذج الشركة على تشكيل فرق عمل من أجل تحقيق وتحسين الجودة، وإلى جانب هذه الفرق، شجعت الشركة وفتحت الباب أمام أية مبادرة تخدم تحقيق هذه الغاية الأساسية.

٢ | ينظر نموذج إدارة الجودة الشاملة في شركة IBM الى الجودة العالية وتحسينها، على أنها عملية متكاملة ذات أركان أربعة هي ما يلي:

| العميل | وهذا يعني أن الجودة وتحسينها لا يأتيان من فراغ بل يأتيان من خلال دراسة مطالب العملاء ورغباتهم، فالشركة لا تنتج لنفسها بل تنتج لعملائها.

| المورد | يؤكد النموذج على ضرورة كون علاقات الشركة مع مورديها علاقات تبادلية قائمة على أساس الثقة، والمساعدة، والمساندة، فالموردون خير معين.

| العمليات | في سبيل الوصول إلى الجودة المطلوبة في الشركة، تم وضع سياسة عامة، يتم بمقتضاها دراسة جميع العمليات التي تتم فيها، وإعادة تصميمها من جديد، من أجل رفع كفاءتها التشغيلية، وتكييفها مع متطلبات إدارة الجودة الشاملة، وإدخال تحسينات مستمرة عليها، سعياً وراء تحقيق أعلى جودة، عن طريق العمل الصحيح من أول مرة،

للوصول إلى منتجات خالية من العيوب، فالعمليات الصحيحة هي الطريق المؤدية لهذه الغاية المنشودة.

العاملون إن الإحترام والتقدير والاهتمام بالعنصر البشري، ضرورة ملحة في نموذج شركة IBM ، فالجودة وتحسينها والتميز على الآخرين، لا يتحققان دون وجود موارد بشرية لديها إنتماء وولاء للشركة، لهذا الغرض سعت الى وضع وتبني سياسة تحفيز مصممة لأجل هذه الغاية، وهي الاهتمام بأمور العاملين ورعاية شؤونهم، من خلال وجود إدارة فعالة لإدارة الموارد البشرية، يكون مديرها المستشار الأول لمدير عام الشركة.

٣ : يولي نموذج إدارة الجودة الشاملة في شركة IBM إهتماماً خاصاً لمسألة التعليم والتدريب ويعتبرها مطلباً أساسياً، ذلك لأن من خلالهما تؤهل وتنمى قدرات العاملين لديها وتمكنهم من تطبيق نموذج إدارة الجودة الشاملة، والمحافظة على مستوى جودة عالي لمنتجاتها.

٤ : تلعب عملية الاتصالات دوراً داعماً لنجاح تطبيق نموذج شركة IBM في إدارة الجودة الشاملة، فنظام الاتصال لديها قائم على فتح جميع قنواته وفي كافة الاتجاهات، في سبيل توفير تبادل فعال للمعلومات، والافكار والمقترحات، وتحقيق التعاون، والتنسيق.

٥ : يقوم أسلوب العمل في نموذج IBM على أساس العمل الجماعي وروح الفريق، وهذا يستدعي بالضرورة أن تتبنى الشركة مبدأ ديموقراطية الادارة، التي تعتبر المشاركة عمودها الفقري، وهذه المشاركة شاملة لجميع المستويات الادارية في الشركة.

٦: يؤكد نموذج IBM على ضرورة توفر النية الصادقة، والعزم، والإصرار لدى جميع العاملين بوجه عام والادارة العليا بشكل خاص، لجعل الجودة العالية وتحسينها المستمر، غايتهم الاساسية في عملهم.

وقد حقق تطبيق نموذج شركة IBM في مجال إدارة الجودة الشاملة نتائج قيمة جداً، فيما يلي عرض موجز لأهمها :

- زادت إنتاجية الشركة بمقدار ٣٠%.

- تحقق مستوى عالي من الجودة، فمنتجات الشركة خالية من العيوب، حيث وصلت عيوب الشركة الى الصفر تقريباً، فقد بلغ الانتاج المعيب فيها سيجما (٦) أي (٣,٤) خطأ في المليون، وهذا يعتبر حد الكمال.

- تم توفير ٣٠% من زمن التشغيل.

- إنخفضت تكلفة التشغيل بوجه عام.

- تضاعفت إيرادات الشركة.

- تحققت وفورات كبيرة نتيجة تقليل مشاكل إختبارات فحص الجودة النهائي.

- حققت الشركة إنطباعاً إيجابياً وصورة طيبة عنها لدى عملائها، وهذا ما جعلها تحقق قصب السبق في الصناعات الالكترونية.

نموذج الجهاز الحكومي

وُضع هذا النموذج من قبل شخصين هما: "بارتون ومارسون" حيث تمكنا من تطوير نموذج لإدارة الجودة الشاملة، يمكن تطبيقه في المنظمات الحكومية،

ويشــتمل نمـوذجهما عـلى العنـاصر والجوانـب التاليــة، التـي تعتـبر بمثابــة خطـوات يمكن بوساطتها تطبيقه:

١ □ مـن المعـروف أن أي جهـاز حكـومي لأي دولـة، يتكـون مـن عـدد كبـير مـن المنظمات والمؤسسات (الـوزارات ومـا يتفـرع عنهـا مـن أجهـزة)، التـي تقـوم بتقديم خدمات كثيرة ومتنوعة لعامة الشعب أو المـواطنين، الـذين يعتـبرون بمثابة المستهلكين أو العملاء بالنسبة لها. فالمفروض أن تكون هـذه الأجهزة مسخرة لخدمتهم بأعلى كفاءة، عـلى إعتبـار أنهـم يدفعـون ضرائـب، وبالتـالي يتوقعون الحصول على خدمات ذات جودة عالية منها. لذلك وكنقطـة بدايـة، يطلب النموذج الحكومي لادارة الجودة الشاملة من أيـة منظمـة حكوميـة تـود تطبيقه، أن تحـدد شريحـة المـواطنين أو الجمهـور المسـتفيد مـن خدمتهـا (أو خدماتها) التي تقدمها لهم.

٢ □ بعد تحديد الجمهـور المسـتفيد، يتطلـب الأمـر إسـتطلاع حاجـات ورغبـات وتوقعـات هـذا الجمهـور، مـن أجـل الاطـلاع عليهـا ومعرفتهـا، أي معرفـة ماذا يريده ويتوقعه المواطن (العميل).

٣ □ في ضـوء نتـائج الخطـوة السـابقة، يجـب عـلى المنظمـة الحكوميـة القيـام بإعادة تصميم كافة سياساتها، وإجراءاتها، وطرق أداء الخدمـة لـديها، بشـكل تؤدي الى تلبية مطالب الجمهور وتوقعاته. وهنا وكعمـل تكميـلي، لابـد مـن وضع معايير أداء من أجل تحقيق الجودة العالية في تقديم الخدمة.

٤ □ بعد إعادة التصميم أعلاه، تأتي خطـوة تحديـد التقنيـات الحديثـة التـي سـوف يستخدمها الموظفون في تقديم الخدمة للجمهور إسـهاماً في تحقيـق الجـودة، والسرعة، والسهولة، والمرونة في تقديمها.

□ ٥ إخضاع جميع الموظفين لـدورات تدريبيـة مستمرة، مـن أجـل شرح الفلسفة والنهج الجديدين وتمكينهم من تطبيقهما، وجعل إرضاء الجمهور هاجسهم الأول والأخـير، وكـذلك تـدريبهم عـلى تشـغيل التقنيـات الحديثـة المنـوي إستخدامها من قبلهم عند تقديمهم الخدمة له.

□ ٦ تبني سياسة لامركزية السلطة وتفويضها إلى جانب لا مركزية أداء الخدمة، وذلـك مـن أجـل تسـهيل تقديمهـا للمـواطنين، وتحقيـق درجـة عاليـة من المرونة والجودة في هذا التقديم.

□ ٧ تنفيذ إستطلاعات مستمرة لرأي الجمهور المستفيد مـن الخدمة، للتعرف وبشكل دائم على ملاحظاته، وشكاواه، ومقترحاتـه، مـن أجـل رفـع مستوى جودتها، وإدخال تحسينات مستمرة عليها، وتحقيـق درجـة عاليـة مـن الرضا لدى الجمهور. من هـذا المنطلـق يكون مـن الأهميـة بمكان جعل سياسات وطرق وإجراءات العمل مرنة قابلة للتغيير، لتلبي حاجة التحسينات المستمرة المراد إدخالها، والمحافظة على مستوى عالي من الرضا لدى الجمهور المستفيد.

□ ٨ قيام الادارة الحكوميـة بإجراء مقارنات بين مستوى جـودة الخدمات المقدمة من قبل منظماتها بعضها مع بعض، لتحديد المنظمات ذات الجودة العاليـة في خدماتها والرضا العالي لدى جمهورهـا، وإطلاع المنظمات الأخرى عـلى هـذه النتائج، لتحذو حذوهـا، وتحقق الجودة العالية والرضا العالي لدى عملائها.

□ ٩ استكمالاً للخطوة السابقة ومن أجل تشجيع المنظمات الحكوميـة عـلى بلـوغ مستوى عالي من الجودة في أداء خدماتها، يقدم مكافآت للمتفوقين سواء عـلى صعيد المنظمات بوجه عام، أو على صعيد الموظفين العاملين بـداخلها بشـكل خاص، وذلك تقديراً لجهودهم.

نموذج " بيتر دركر "

حدد دركر إطاراً لعملية تحسين الجودة هو ما يلي:

" قيم وضعك الحالي لتعرف ماذا لديك، وما هي إمكاناتك، وفي ضوء التقييم حدد ماذا بإمكانك أن تفعله من أجل تحسين الجودة، ومن ثم نفذ عملية التحسين بشكل متميز، وحافظ على هذا التحسين والتميز "

أشار دركر في نموذجه وحسب قناعته الخاصة، بأنه توجد فروقات قليلة في مجال إدارة المنظمات على إختلاف أنواعها (الأعمال، البحث العلمي، الجامعات، المستشفيات، الجهاز الحكومي)، وبالتالي فبالامكان تعميم نموذجه على جميعها، ويقوم هذا النموذج على الأركان التالية:

- أن يكون لكل منظمة إستراتيجية خاصة بها تسعى من خلالها إلى تحقيق أهدافها وغاياتها.
- إرضاء العملاء هو الغاية الأساسية لأية منظمة كانت.
- تنظيم العمل يجب أن يكون قائماً ومصمماً بشكل يساعد على تحقيق الأهداف والغايات.
- الأسلوب الإداري الفعال في إدارة المنظمة الذي يخدم تحقيق الجودة، هو أسلوب الادارة بالأهداف **Management by Objectives** ، الذي يؤكد على أن يتم

وضع الأهداف على أساس المشاركة الجماعية من قبل كافة المستويات، وأن تكون واضحة ومفهومة.

- الموارد البشرية والتي أطلق عليها مصطلح "العنصر البشري" هي الأساس، لذلك يجب توفير الرعاية الجيدة والتحفيز المناسب لها، وتنمية وتطوير أدائها، وأشار الى أن الادارة الفعالة، هي التي تسعى الى إستثمار الموارد البشرية في المنظمة أحسن إستثمار، وإستخدامها أفضل إستخدام. وأكد دركر على عدم لجوء الادارة إلى إستخدام السلطة الرسمية والنفوذ في الاشراف، بل التوجه نحو تنمية الرقابة الذاتية لدى العاملين، وجعلهم يشعرون بالمسؤولية تجاه أنفسهم وتجاه الآخرين.

- يعتقد دركر أن نجاح منظمة الأعمال وإستمراريتها يعتمدان والى حد كبير على قاعدة الهرم التنظيمي Bottom Line أي المنفذين، فجودة أدائهم بلا شك تحقق مستوى جودة عالي في منتجات المنظمة، التي يتوقف عليها رضا عملائها، فرضا العمال يعني رضا الزبائن، ويعتبر دركر أول من نادى بهذه الناحية.

- أكد دركر على ضرورة تحديد معايير محددة من أجل قياس مستوى الجودة.

- لقي الاتصال إهتماماً من قبل دركر واعتبره وسيلة فعالة من أجل الاحتكاك والتواصل بين العاملين في كافة المستويات.

> ## نموذج " تشارلز (ب) هاندي "

ولد تشارلز هاندي عام ١٩٣٢ في أيرلنده، وتخرج من جامعة أوكسفورد، وعمل في شركة (شل) العالمية في ماليزيا، ثم عاد إلى بريطانيا ليعمل خبيراً إقتصادياً، وقد إشتمل نموذج تشارلز على الجوانب الأساسية التالية:

- أكد هاندي على أن هدف أية منظمة يجب أن يكون إرضاء عملائها، وهذه المسألة معني بها كل من يعمل فيها، أي أنها مسؤولية الجميع، وبالتالي يجب أن تكون جميع الجهود موجهة لتحقيق هذه الغاية.

- أوضح هاندي بأن على منظمة الأعمال تحقيق مستوى عالي من الجودة، وجعل عملية تحسينها مستمرة لا تقف عند حد معين، وإذا لم تتمكن من ذلك، فسوف تؤول الى الزوال، عن طريق خسارة حصتها في السوق بشكل تدريجي، نتيجة عدم رضا عملائها عنها. وعملية التحسين لا تشمل العمليات الانتاجية فحسب، بل تشمل كل شيء، وخاصة العنصر البشري في المنظمة، فالافراد الذين لا يبحثون عن سبل تحسين عملهم وممارساتهم وسلوكياتهم، ولا يسعون الى تحسين مهاراتهم الحالية، سيجدون أنفسهم غير ملائمين لبيئة العمل الجديدة وهي إدارة الجودة الشاملة.

- وضع هاندي إطاراً عاماً لادارة الجودة، تضمن جوانب أساسية يجب توفيرها من أجل تطبيق التغيير الجديد، وهذه الجوانب ما يلي:

١- إحداث ثورة تكنولوجية داخل المنظمة، بحيث تشمل تحديث جمع الآلات، والمعدات، وخدمات الصيانة لكي لا تكون متقادمة، فالتحديث يساعد على إستغلال إمكانات الأفراد العاملين بشكل جيد.

٢- السعي الى تطبيق إقتصاديات الجودة وهي:

أ- العمل الصحيح من أول مرة وكل مرة.

ب- إزالة كل مظاهر الإسراف والضياع في العمل الإنتاجي، من أجل تخفيض التكلفة وتحقيق أرباح عالية وبشكل مستمر.

جـ- إلغاء كافة طرق وإجراءات العمل القديمة وإستبدالها بجديدة وحديثة، تماشياً مع قانون الطبيعة والمجتمعات الإنسانية، فالموت والزوال للقديم، هو مقدمة لحياة جديدة.

إن إقتصاديات الجودة وسيلة تمكن المنظمة من الوصول إلى مستوى جودة عالي وتكلفة قليلة ترضي من خلالها عملائها، وبالتالي تضمن لنفسها البقاء والاستمرار.

- أكد هاندي أخيراً على مدى أهمية كفاءة وفاعلية عملية الاتصال داخل المنظمة، ذلك لأنه وسيلة فعالة من أجل تحقيق التفاعل بين جميع مكونات المنظمة.

نموذج " توم (ج) بيترز "

ولد "توم بيترز" عام ١٩٤٢ في أمريكا، وعمل في البنتاجون، ثم حصل على درجة الماجستير في الهندسة المدنية من جامعة "كورنيل" قبل ذهابه لخدمة العلم في فيتنام. كما حصل على درجة الماجستير من جامعة "ستانفورد" بعد عودته من خدمة العلم، وانضم أخيراً الى مجموعة "ماكنزي" حيث عمل مستشاراً فيها.

قام بيترز مع زميل له يدعى "ووترمان" بدراسة وتحليل الوضع التنظيمي والاداري لـ (٤٣) شركة أمريكية تطبق إدارة الجودة الشاملة، وانتهيا إلى وجود خصائص مشتركة بين هذه الشركات فيما يخص النماذج التي تطبقها في مجال إدارة الجودة الشاملة، وهذه الخصائص هي ما يلي:

١- التركيز الأساسي يجب أن يكون على العملاء.

٢- القرب من العملاء أمر ضروري.

٣- تطوير العمل بشكل مستمر.

٤- تعليم جميع العاملين أن يسعوا إلى خدمة العملاء.

٥- توفير المرونة في العمل، وهذا يستوجب توفير تفويض للسلطة.

٦- إيجاد معايير لتقييم الأداء وضبط الأمور في مجال العمل الرقابي.

٧- عدم القيام بأي نشاط إلا بعد التعرف عليه من كافة زواياه وجوانبه، كوسيلة للمحافظة على إستمرارية النجاح.

٨- التعليم والتدريب المستمر ركن هام من أركان إدارة الجودة الشاملة.

٩- المشاركة على كافة المستويات مطلب أساسي لتطبيق إدارة الجودة الشاملة.

وفي ضوء دراسة بيترز لتجارب الشركات الأمريكية التي طبقت إدارة الجودة الشاملة، قام بوضع نموذجه الذي إشتمل على المرتكزات التالية:

- إدارة الجودة الشاملة ثورة جذرية على كل شيء قديم من أجل تحقيق مستوى الجودة المطلوب.
- إدارة الجودة الشاملة مسؤولية عامة تقع على جميع المستويات الادارية من قمة الهرم التنظيمي مروراً بالمستويات جميعها حتى قاعدته.
- إرضاء العميل غاية المنظمة الأساسية، وكل الجهود يجب أن تنصب وتتوجه إلى تحقيقها.
- الاتصال والتواصل المستمر مع الزبائن لمعرفة مطالبهم ورغباتهم والاطلاع على أي تغيير فيها، مطلب أساسي وعامل فعال لتحقيق النجاح.
- تعليم وتدريب العاملين على أن خدمة العملاء وإرضائهم هو هدفهم الأساسي.

- تطوير وتحسين العمل عملية مستمرة، وغاية هـذا التطوير والتحسين هـو جعل جميع الأمـور وتنفيذ الأعمال سهلاً وبسيطاً لا تقصير فيه، لـذلك يجب محاربـة البيروقراطية والروتين العقيم بكافة أشكاله. وعملية التحسين لا تقتصر على مجالات معينة، بل تشمل كافة المجالات وكل شيء داخل المنظمة.

- التعليم والتدريب هو إستثمار له عائد، وليس تكلفة جارية لا عائد لها، وبناء عليه يجب تقديم كل الدعم والمساندة لجميع العاملين لمعالجة أخطائهم، وجعل أداءهـم في حالة تطوير وتحسين مستمرين.

- تفويض السلطة مطلب أساسي، وذلك لتحقيق المرونة في العمل، وجعل الأمور سهلة غير معقدة، والتفويض الناجح هو الذي يُدعم بمجموعة من المعايير الموضوعية مـن أجـل تقييم الأداء وضبط الأمـور، لتكـون ضـمن نطـاق سـيطرة من قام بتفويض السلطة.

- إيجاد سياسة تعتمد على المشاركة، والإصغاء للعاملين، وبحث أمورهم وحاجاتهم للعمل على تلبيتها، فالجودة هي عملية متكاملة تتحقق بجهـود جميع العاملين في المنظمة، من خلال قيام كل فرد (رئيس أو مرؤوس) بالدور المسند إليه على الوجه الأكمل وبالجودة المطلوبة، فتحقيق الجودة الشاملة لا يكون مـن خـلال جـودة مجموعة معينة من الأدوار، بل يكون مـن خـلال جـودة جميع الأدوار في المنظمـة رؤساء ومرؤوسين على حد سواء. وقد ركز بيترز كثيراً على الدور الذي يمكن أن يلعبه العمال Workers الذين هـم في قاعـدة الهرم التنظيمي Bottom Line ، واعتبر مشاركتهم مسألة ضرورية، من أجل البحث عن حلول لمعالجة المشاكل التي تواجه المنظمة، لذلك أكد على جعل قنوات الاتصال مفتوحة بين المستويات الادارية مـن جهة وبين العمال من جهة ثانية.

- تقيـيم أداء المنظمـة مسـألة مهمـة وتحتاج إلى وجود معـايير واضحة ومفهومة وموضوعية، وعملية التقييم وتحديد المعايير لا تكون من قبل إدارة المنظمة

نفسها، بل من قبل الموردين وكل من يتعامل مع المنظمة، وعلى رأسهم العملاء، فإذا قامت المنظمة بتقييم نفسها، فهذا التقييم يمكن تشبيهه بالفرد الذي ينظر الى نفسه في المرآة، فبالطبع سوف لن يجد إلا ذاته، فالمهم هو رأي الآخرين بنا وليس رأينا بأنفسنا.

- تبني أسلوب فرق العمل، وهذا يحتاج إلى تنمية روح العمل الجماعي والتعاوني، ويتطلب تنمية وتطوير العلاقات الشخصية بين جميع العاملين، وكذلك تنمية مهارات العمل الجماعي بينهم.

وأشار "بيترز" في الأخير الى أن نموذجه يحتاج إلى إعادة النظر فيه كل فترة زمنية، من أجل تعديله بما يتماشى مع المتغيرات البيئية التي تحدث، وذلك لتحقيق النجاح والمحافظة على إستمرارية هذا النجاح.

نموذج " فيل كروسبي "

يشتمل نموذج " فيل كروسبي" على عدد من الأركان الأساسية، التي يشكل مجموعها رؤيته عن إدارة الجودة الشاملة، وفيما يلي عرض لهذه الأركان مع شرح موجز لكل منها:

١: تحديد مستوى الجودة المطلوب: ويتم من خلال معرفة إحتياجات العميل، حيث في ضوئها يجري تحديد متطلبات توفير هذا المستوى وإتخاذ القرارات اللازمة لتحقيقه.

٢: معيار عدم وجود أخطاء: يقوم نظام الجودة الشاملة على معيار أساسي هو منع وقوع أخطاء أي أن تكون صفراً، وهذا ما يسمى بـ :

The Performance Standards Zero Defect (ZD) فالعمل والانتاج بدون أخطاء هو هدف الإدارة، وهذا يعني وصول المنظمة إلى مستوى الجودة الكاملة. وللوصول الى هذا المستوى من الجودة يتطلب التركيز على:

أ- التعليم والتدريب المستمرين.

ب- التحسين المستمر للجودة.

جـ- الرقابة الوقائية بدلاً من الرقابة البوليسية، وتشتمل الرقابة الوقائية على ما يلي:

- دراسة وفهم تفاصيل العمليات.
- تحديد مصادر وقوع الأخطاء.
- تحديد أنواع الأخطاء المحتمل حدوثها.
- إتخاذ التدابير اللازمة والكفيلة لمنع وقوع الأخطاء قبل البدء بتنفيذ العمليات.

٣: مسؤولية تحقيق الجودة: وصف كروسبي هذه المسؤولية بأنها عامة، بمعنى أنها مسؤولية الجميع، وبالتالي فهي متكاملة، والكل يجب أن يعرف بأن مستقبله ومستقبل المنظمة مرتبطان بمدى تحقيق مستوى جودة يحقق الرضا لدى العملاء.

٤: التكاليف: صنف كروسبي التكاليف ضمن فئتين هما:

أ- التكاليف غير المقبولة: وهي التي أنفقت على إنتاج السلعة أو الخدمة ولم تحقق مستوى الجودة المطلوب، ولا رضا العميل.

ب- التكاليف المقبولة: وهي التي أنفقت وساهمت في تحقيق مستوى الجودة المطلوب ورضا العميل.

٥: الأنظمة: أشار كروسبي الى ضرورة وجود نظام خاص بكل عملية أو نشاط، وهذه الأنظمة يجب أن تكون متكاملة مع بعضها بشكل تسهم في تحقيق الجودة الشاملة.

٦: الاتصال بالعملاء: أكد كروسبي على أهمية الاتصال مع العملاء والإصغاء إليهم، لمعرفة وتحديد إحتياجاتهم.

٧: الخط التنفيذي الأول: ويقصد به العمال الذين يجب الاتصال بهم بشكل مستمر، فهؤلاء يدهم في العمل دائما ويعرفون ما تحتاج اليه عملية تحقيق الجودة، ويمكن الاستفادة بالتالي مما لديهم، عن طريق سؤالهم بشكل مباشر، وإتاحة الفرصة لهم باستمرار لأن يبدوا ما لديهم من معلومات.

٨: التحسين: وقصد كروسبي به التحسين المستمر للجودة، الذي يجب أن يكون عادة أو سُنة تسير عليها المنظمة باستمرار. وقد نظر كروسبي الى تكلفة تحسين الجودة على أنها ذات عائد تعود بالنفع على المنظمة، فتكلفة الجودة ذات المستوى الضعيف **Poor Quality** أكثر بكثير من تكلفة التحسين، التي توفر عليها أموالاً طائلة.

٩: الموردون: هم دعم لإمكانات المنظمة في تحسين جودتها، لذلك يجب إقامة علاقات طيبة وحسنة معهم.

١٠: السياسات: وضح كروسبي مدى أهمية وجود سياسات واضحة ومستمرة في المنظمة، يتم من خلالها تنفيذ الأعمال.

١١: الادارة العليا: أكد كروسبي كثيراً على مدى أهمية دور الادارة العليا، فوضح ضرورة إظهار دعمها وإهتمامها بمسألة الجودة، ورغبتها في تحقيق مستوى عالي فيها، كما أوضح أن تكون جهود جميع المديرين في

كافة المستويات الادارية متضافرة من أجل تحقيق الجودة العالية، لذلك

يرى كروسبي أن تقوم الادارة العليا بترجمة واضحة لما تريد تحقيقه مستقبلاً بلغة الجودة، وما الذي يجب على العاملين القيام به لتحقيق وإنجاز ما تريده.

تقييم عام لنماذج إدارة الجودة الشاملة المختارة

من خلال إستعراضنا لمضمون النماذج المختارة لإدارة الجودة الشاملة التي تم عرضها في هذا الفصل نخرج بنتيجة مفادها ما يلي:

إن جميع النماذج المختارة، كانت تدور ضمن فلك أو إطار محدد، يرسم للمنظمات المرتكزات أو المحاور التي يقوم عليها تطبيق نهج إدارة الجودة الشاملة، وقد لاحظنا وجود تكرار للعديد من المضامين، بمعنى آخر يتضح لنا وجود قواسم عامة ومشتركة كثيرة بين هذه النماذج، وهذه القواسم سوف نعرضها للقارىء بعد قليل، من أجل أن يخرج بنتيجة هي ما يلي:

إن الاطار العام لإدارة الجودة الشاملة ونهجها الجديد يسيران نحو إكتمال معالمهما وأبعادهما ومرتكزاتهما، فقد أصبح هناك لغة مشتركة متداولة ومعروفة في مجال إدارة الجودة الشاملة، كما أصبح بإمكان المنظمات مع مطلع عام ٢٠٠٠ أن تضع نماذجها الخاصة بها في مجال تطبيق إدارة الجودة الشاملة، مع ملاحظة أساسية هي: أن مضمون هذه النماذج سيختلف حتماً من منظمة لأخرى، وفق طبيعة ومضمون العمل من جهة، ووفق المتغيرات البيئية المحيطة بها من جهة أخرى.

ونود الاشارة في هذا المقام، إلى ضرورة قيام كل منظمة بتصميم نموذجها الخاص بها في ضوء الأطر العامة التي تم التوصل إليها، وذلك من خلال ما عرضناه في الفصول السابقة التي إشتمل عليها هذا الكتاب. ومن هذا المنطلق قام المؤلف في الفصل الرابع التالي وهو الأخير من هذا الكتاب، بوضع وتطوير نموذج مقترح خاص به من أجل تخطيط الجودة، إعتمد في تصميمه على كل ما قرأه من مراجع عربية وإنجليزية متعلقة بموضوع إدارة الجودة الشاملة، الى جانب إعتماده وإستفادته الكبيرة من النماذج المختارة التي عرضها في هذا الفصل.

القواسم المشتركة بين النماذج المختارة لادارة الجودة الشاملة

في ضوء ما تم عرضه من مكونات النماذج المختارة، فقد خرج المؤلف بعدد من القواسم المشتركة بين هذه النماذج نعرضها للقارىء فيما يلي:

- وضع فلسفة إدارية جديدة تخدم تطبيق إدارة الجودة الشاملة.

- وضع إستراتيجية جديدة تسهم في تحقيق رسالة المنظمة الجديدة.

- إرضاء العميل هو الغاية الأساسية.

- التغيير الجذري لكل شيء يسهم في تحقيق الجودة الشاملة وخاصة العمليات.

- تبني مبدأ تأكيد الجودة، والتركيز على رقابة الجودة أكثر من الرقابة الكمية.

- العنصر البشري في المنظمة هو أهم جانب من جوانب إدارة الجودة الشاملة، الذي يجب أن يأخذ الرعاية الأولى.

- أن يكون أسلوب العمل جماعياً تعاونياً يركز على فرق العمل والمشاركة.

- التطوير والتحسين المستمر لكل شيء في المنظمة، للوصول إلى جودة عالية، والمحافظة على التفوق والتميز على الآخرين.

- التعليم والتدريب المستمر هو إستثمار له عائد وهو مطلب ضروري.

- أهمية دور القيادة الادارية في جميع المستويات الادارية بوجه عام، والعليا بوجه خاص.

- تحسين الجودة المستمر مسؤولية جماعية، تقع على عاتق كل من يعمل في المنظمة، سواء أكان رئيساً أم مرؤوساً، والتحسين مطلب أساسي في منهجية إدارة الجودة الشاملة.

- إستخدام الأدوات والأساليب الكمية والاحصائية في الرقابة على الجودة.

- توفير نظام محوسب للمعلومات.

- توفير شروط وعوامل الإتصال الفعال والسريع.

- وجود تغذية عكسية مرتدة، من خلال الاتصال بالعملاء، وإستطلاع آرائهم حول مستوى الجودة المقدمة لهم.

- العلاقة الجيدة مع الموردين.

- توفير الإمكانات على مختلف أنواعها المادية والمعنوية.

الأخطاء الشائعة في تطبيق إدارة الجودة الشاملة

نعرض فيما يلي عدداً من الأخطاء الشائعة، التي تلعب دوراً سلبياً مؤثراً في جهود تطبيق منهجية إدارة الجودة الشاملة، يجب أخذها بعين الاعتبار وتلافيها عند تطبيق هذه المنهجية، وذلك كمساهمة في تحقيق نجاح هذا التطبيق:

إستعجال النتائج	• نتائج تطبيق إدارة الجودة الشاملة لا تأتي بيوم وليلة. • إدارة الجودة الشاملة ليست بدعاية للتفاخر بتحقيق نتائج سريعة. • الحصول على شهادة الأيزو لا يعني تطبيق منهجية إدارة الجودة الشاملة، فالأيزو عملية سريعة لتحقيق نتائج سريعة نسبياً لدخول حقل المنافسة، لذلك تنصح المنظمات وعلى إختلاف أنواعها، ألا تجعل هدفها الأول والأخير الحصول على الأيزو، بل أن تسعى وعلى المدى الطويل إلى تطبيق إدارة الجودة الشاملة، التي تضمن لها التميز على الأخرين وبشكل دائم. • السرعة يكتنفها دائماً أخطاء، لذلك نطالب عدم إستعجال النتائج بل التروي، فالمستقبل البعيد المتأني مع نتائج جيدة، أفضل من المستقبل القريب مع نتائج مشكوك فيها.

عدم التوفير الكامل لمتطلبات التطبيق

من الخطأ بمكان أن تقرر منظمة ما تطبيق إدارة الجودة الشاملة قبل توفيرها لاحتياجات ومتطلبات هذا النهج الجديد، فتأتي التجربة في النهاية غير ناجحة، وقد عرضنا هذه المتطلبات والاحتياجات في الفصول السابقة، التي يجب إعدادها وتهيأتها قبل التطبيق، فهي القاعدة والركيزة التي يقوم عليها النهج الجديد.

النقل الحرفي

يقصد بالنقل الحرفي هنا، قيام المنظمات بتقليد النماذج المطبقة في الشركات الأخرى دون تعديل لها، وهنا نطلب من هذا المنظمات (سواء أكانت انتاجية أو خدمية) التي ترغب في تطبيق إدارة الجودة الشاملة، ألا تنقل تجارب المنظمات الأخرى التي نجحت في تطبيق هذا النهج الاداري الجديد حرفياً، بحيث يأتي هذا النقل عبارة عن تقليد، دون مراعاة ظروفها البيئية الداخلية والخارجية التي تعيشها المنظمة الناقلة للتجربة، فالإستفادة من تجارب الآخرين شيء إيجابي ومطلوب، لكن شريطة تكييف هذه التجارب الناجحة، وجعلها متوائمة مع ظروف المنظمة الحالية والمستقبلية، فالنظر والاستفادة من تجارب الآخرين شيء وارد، لكن التقليد شيء غير مقبول.

نقص المعرفة

المقصود هنا عدم الالمام الكافي الجيد والعميق بأبعاد إدارة الجودة الشاملة ومضامينها الأساسية، وكيفية التخطيط السليم لمنهجيتها، التي تتطلب خبرة وإلمام كافيين، فعلى أية منظمة تود تطبيق إدارة الجودة الشاملة، أن تقوم بوضع وتنفيذ برامج تعليم وتدريب فعالة ومستمرة وواسعة النطاق تشمل جميع العاملين فيها، وتتصف هذه البرامج بما يلي:

- ألا يكون التدريب مجرد محاضرات نظرية لشرح أبعاد إدارة الجودة الشاملة فقط، بل يكون التدريب نظرياً وعملياً وبآن واحد، بحيث يركز على مشاكل التطبيق وحلها.
- في ضوء النقطة السابقة أن يسعى التدريب الى إكساب العاملين مهارة تطبيق منهجية إدارة الجودة الشاملة.
- أن ينمي التدريب وبشكل خاص مهارة العمل باستخدام أسلوب فرق العمل.
- إستمرارية التدريب ناحية هامة جداً.

التركيز على الجانب التقني على حساب العنصر البشري

هذا الخطأ وقعت فيه العديد من المنظمات الأمريكية على مدى عشرات السنين الماضية، عكس الحال في المنظمات اليابانية، التي إعتبرت العنصر البشري هو الأساس في كل شيء، وهو الذي يجب أن يأخذ

الاهـتمام والرعايـة الأكـبر، فتقنيـة الآلات والمعـدات تساعد بلا شـك عـلى تـوفير مستوى جيـد مـن الجـودة للسلع والخدمات وهذا مطلب ضروري، لكـن ألا يكـون الاهتمام بها أكثر مـن الاهـتمام بالعنصرـ البشرـي الـذي سوف يطبق النهج الجديد إدارة الجودة الشاملة، لـذلك ينصح أن يكون هنـاك توازنـاً بـين ثلاثـة أركـان للجـودة متفاعلة ومتكاملة مع بعضها وهي:

- جودة العنصر البشري.
- جودة التقنية.
- جودة المناخ البيئي المناسب للتطبيق.

القول الكثير والفعل القليل

إدارة الجودة الشاملة ليست مجرد شعارات ننشـد مـن ورائها تحقيق الدعاية، بل هي جهد جاد وطويل يحتـاج الى قناعـة راسـخة بهـا، فـإدارة الجـودة الشـاملة ثقافـة وفلسفة تنظيمية متكاملة.

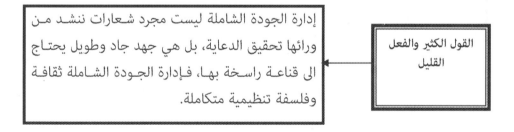

الفشل في التعامل مع مقامة التغيير

أشرنـا في السـابق إلى أن إدارة الجـودة الشـاملة كـنهج إداري جديد، ما هو في الواقـع إلا عمليـة تغيـير جذريـة للعديد من الجوانب والأمور داخل المنظمة، وعلى رأسها سلوكيات العاملين. هذه الجوانب إعتاد العاملون عليها، فمن الصعوبة بمكان أن نتوقع

تعايشهم وتكيفهم معها بسهولة وبسرعة، فعلينا أن نتوقع وجود مقاومة لها بشكل أو بآخر، هذه المقاومة ليس من الصواب التعامل معها بقسوة وعنف، لأن هذا التصرف سيحدث ردة فعل عكسية لديهم وسوف تزداد المقاومة، فالتصرف الرشيد والفعال، هو القيام بحملة توعية مكثفة، ولا ننسى أن القضاء على هذه المقاومة لا يأتي بيوم وليلة، بل على مراحل زمنية.

التطبيق دفعة واحدة وبشكل واسع وكلي

أوضحنا في عدة أماكن من هذا الكتاب، بأن إدارة الجودة الشاملة هي ثورة جذرية على القديم في سبيل إدخال وتطبيق كل ما هو جديد وحديث وجيد، وبمعنى آخر التخلي عن القديم من أجل الجديد. في ظل هذه الظروف نجد أن قلب الأمور رأساً على عقب مرة واحدة، سيحدث بلا أدنى شك بلبلة ومشاكل نحن في غنى عنها، فالتصرف السليم في هذا المجال، هو أن يتم التطبيق بشكل تدريجي، بحيث يتم إدخال التغييرات في مجالات محددة ومنتقاة، ثم الانتقال الى مجالات أخرى وهكذا الى أن يشمل التغير كافة المجالات، فالتطبيق التدريجي إلى جانب أنه لا يحدث بلبلة، فهو يفيد في إكتشاف الثغرات التي ظهرت في المجالات الأولى التي أحدث فيها التغيير، لتلافيها بعد

ذلـك في المجـالات اللاحقـة، وتظهـر أهميـة التطبيـق التـدريجي في المـنظمات الكبـيرة الحجـم، التـي تتصـف بوجـود علاقـات متعـددة ومتشـابكة بـين إداراتهـا وأقسامها. وبوجـه عـام ينصح في هـذا المقـام أن تكـون بدايـة التطبيـق في الادارات (المجـالات) التـي لا يتصـف عملها بالتعقيد بل بالبساطة، ثـم الانتقـال الى الادارات الأصعب وهكذا.

عدم تحديد حاجات ومتطلبات العملاء بشكل جيد

أشرنـا في ثنايـا الفصـول السـابقة إلى أن إرضـاء العميل هو الهدف الأساسي لإدارة الجودة الشاملة، فـإذا لم تحدد المنظمـة حاجـات ورغبـات وتوقعـات عملائهـا بشكل جيد، فمما لا شك فيه أن سلعتها أو خدمتها التي تقدمها لهم لن تفي بالغرض المطلوب، ولن تحقق الرضا المتوقع لديهم. لذلك نطلـب مـن المـنظمات أن تتحـرى الدقة في عملية تحديد الإحتياجات، فالشركات اليابانيـة على سبيل المثال، توجهت في هـذا المجـال الى الدراسـات الميدانية الاستكشافية للبيئة التي يعيش فيهـا عملاؤهـا، وذلك من أجـل أن يكـون تحديـد حاجـاتهم ومطـالبهم دقيقة وواقعية، ومـن أبـرز هـذه الشركات فـرع شركـة تويوتا للسيارات في الولايات المتحدة الأمريكية.

الفشل في ترجمة الجودة المطلوبة الى معايير محددة ودقيقة تتوافق مع حاجات العملاء	←	بعد تحديد حاجات ومطالب العملاء، تقوم المنظمة بترجمة هذه الجوانب الى مستوى جودة مطلوب ومتوقع من قبلهم يتوافق مع حاجاتهم ومطالبهم، بحيث عليها توفيره في السلعة أو الخدمة التي تقدمها إليهم. وهذا المستوى يجب أن يترجم أيضاً الى معايير جودة تلتزم بها كافة العمليات ذات العلاقة والمسؤولة، وبالتالي فأي إخفاق في ترجمة الجودة الى معايير، ستأتي السلعة أو الخدمة غير ملبية لتوقعات العملاء، ولن تفي بالغرض المطلوب، وبالتالي لن يتحقق الرضا لديهم كما هو متوقع.

معوقات تطبيق إدارة الجودة الشاملة في الأجهزة الحكومية

تتصف طبيعة العمل في الأجهزة الحكومية بأنها ذات طابع خدمي، بمعنى أن الوزارات الحكومية والمؤسسات التابعة لها، تختص فقط بتقديم الخدمات للمواطنين التي يحتاجونها في مجالات متنوعة في حياتهم اليومية، كالمواصلات والاتصالات، والأمن الداخلي..الخ، وهذا يعني بالضرورة أن أعمالها ذات إنتاجية غير ملموسة، لكونها أعمالاً وأنشطة خدمية. لهذا السبب نجد أن هناك بعض المعوقات التي تنفرد بها الأجهزة الحكومية في مجال تطبيق إدارة الجودة الشاملة فيها، وعليه فمن الأهمية بمكان وإستكمالاً لعرض هذا الموضوع، أن نتطرق إلى

أهم هذه المعوقات لتوضيحها، من أجل وضع الحلول الكفيلة للتصدي لها، مع الإشارة إلى أن هذه المعوقات تظهر بشكل خاص في البلدان النامية، وفيما يلي إستعراض لأهم هذه المعوقات.

التغيير الدائم في القيادات الادارية العليا

أوضحنا سابقاً أن تطبيق إدارة الجودة الشاملة هي في الواقع عملية تغيير جذرية لمفاهيم إدارة المنظمة وفلسفتها الادارية القديمة، وأشرنا إلى أن هذه العملية لا تكون في يوم وليلة، إنما تحتاج لوقت طويل وتأتي بالتدريج وليس دفعة واحدة، كما تحتاج إلى جهود متواصلة ودؤوبة من القيادة الادارية العليا في المنظمة. من هذا المنطلق تأتي عملية تغيير القيادات الادارية العليا في الجهاز الحكومي عائقاً أمام تطبيق النهج الاداري الجديد، ويعود السبب في ذلك الى أن تغير هذه القيادات لا يتيح الفرصة الكافية من أجل هذا التطبيق، وذلك بسبب إحتمالية إختلاف تفكير وقناعات القيادة الجديدة عن القيادة السابقة، مما يدفعها إلى إحداث تعديلات في خطة التغيير السابقة، وبالتالي تبرز إحتمالية وجود تغييرات متكررة على خطة العمل المتعلقة بتطبيق إدارة الجودة الشاملة، وهذا يؤدي الى حدوث تشويش وإضطراب لدى العاملين.

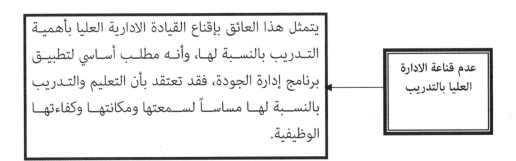

عدم قناعة الادارة العليا بالتدريب

يتمثل هذا العائق بإقناع القيادة الادارية العليا بأهمية التدريب بالنسبة لها، وأنه مطلب أساسي لتطبيق برنامج إدارة الجودة، فقد تعتقد بأن التعليم والتدريب بالنسبة لها مساساً لسمعتها ومكانتها وكفاءتها الوظيفية.

عدم مرونة القوانين والأنظمة

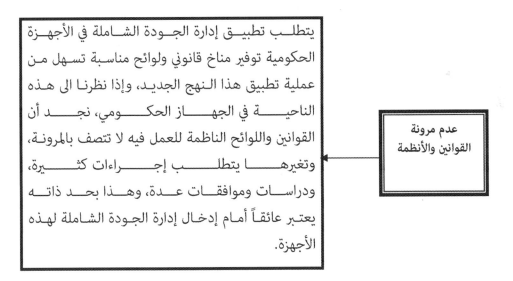

يتطلب تطبيق إدارة الجودة الشاملة في الأجهزة الحكومية توفير مناخ قانوني ولوائح مناسبة تسهل من عملية تطبيق هذا النهج الجديد، وإذا نظرنا الى هذه الناحية في الجهاز الحكومي، نجد أن القوانين واللوائح الناظمة للعمل فيه لا تتصف بالمرونة، وتغيرها يتطلب إجراءات كثيرة، ودراسات وموافقات عدة، وهذا بحد ذاته يعتبر عائقاً أمام إدخال إدارة الجودة الشاملة لهذه الأجهزة.

صعوبة قياس وتقييم نتائج العمل

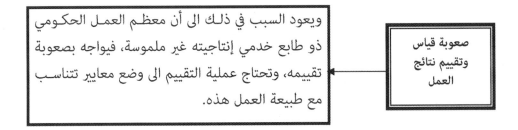

ويعود السبب في ذلك الى أن معظم العمل الحكومي ذو طابع خدمي إنتاجيته غير ملموسة، فيواجه بصعوبة تقييمه، وتحتاج عملية التقييم الى وضع معايير تتناسب مع طبيعة العمل هذه.

كبر حجم الجمهور وتنوع فئاته	ذلك لأن الـذين يتعـاملون مـع الأجهـزة الحكوميـة مـن نوعيـات متعـددة، وعمليـات حصرهـا لاستطلاع مـدى رضاها لا يتصف بطابع السهولة.
قلة الإمكانات المالية	يحتاج تطبيق إدارة الجودة الشاملة الى تـوفير مـوارد ماليـة، والملاحـظ أن تـوفير هـذه المـوارد في مـنظمات الأعمال الخاصة سـهل مقارنة مـع عملية توفيرهـا في الأجهـزة الحكوميـة، التي تحصل عـلى مواردهـا مـن الموازنة العامة للدولة، التي تخضع الى أنظمـة ولـوائح وإجراءات، تشكل في الغالب عائقاً أمام توفير متطلبـات تطبيقها.
نقص الكفاءات البشرية	وذلـك بسبب إنخفـاض مسـتوى الرواتـب في الجهـاز الحكومي مقارنة بمنشآت القطاع الخاص، وكذلك ضعف سياسة الحفـز الانسـاني بسبب نقص المـوارد الماليـة في بعض الأحيان، وخاصة في البلدان النامية.
صعوبة التنفيذ	من المعروف أن حجم الجهاز الحكومي يكون في العـادة كبيراً وضخماً، وخاصة في البلدان ذات التعداد السكـاني الكبير، هذا الكبر يجعل عدد المنظمات

الحكومية كبيراً، وهياكلها التنظيمية متشعبة لحد كبير، مما يجعل عملية تطبيق إدارة الجودة الشاملة تستغرق مدة زمنية طويلة، وتحتاج الى جهود أكبر ومتواصلة، ومما يزيد الأمور صعوبة وتعقيداً، هيمنة المناخ البيروقراطي والروتين العقيم، وقنوات الاتصال البطيئة فيها.

ضعف مستوى التحفيز يؤدي الى ضعف الإنتماء

نظراً لأن ملكية المنظمات الحكومية ملكية عامة، وتوفيرها لمواردها المالية يخضع لاعتبارات ومعايير لا يمكن التحكم بها لأنها مقيدة بالموازنة العامة للدولة، لذلك نجد أن توفير الموارد المالية من أجل تنفيذ سياسة تحفيز إنساني مناسبة لا تتصف بالفاعلية، فالموارد دائماً قليلة ولا تكفي، وتحكمها إجراءات وقيود مالية محددة تفقدها المرونة المطلوبة، وبالتالي ستكون درجة التحفيز وكذلك درجة الانتماء لدى العاملين ضعيفة، بشكل يؤثر سلباً في نجاح إدارة الجودة الشاملة، وخاصة أن العنصر البشري هو أهم عناصر العمل والانتاج.

الفصل الرابع

برنامج مقترح لتخطيط الجودة ومشروع

جائزة إدارة الجودة الشاملة

برنامج تخطيط الجودة كنظام كلي

قبــل عرضـنا لمضمـون برنامـج تخطـيط الجـودة المقترح، نـود الاشـارة إلى أننـا قـد إعتمـدنا عـلى مفهـوم نظريـة النظـام System Theory في وضـع هـذا البرنامج. وبإختصار شديد، ينظر مفهوم هذه النظرية كما هو معروف الى المنظمـة عـلى أنها نظـام مركـب Composed System ، يتكـون مـن أنظمـة (أجـزاء) فرعيـة Subsystems مترابطة متفاعلة يعتمد بعضها على بعض، وتسعى جميعها الى تحقيق هدف النظام الكلي الذي تعمل ضمنه. فالإدارات التي يتكون منها الهيكل التنظيمي، ما هي في الواقع إلا عبارة عن أنظمة فرعيـة تسعى إلى تحقيق الهـدف الكـلي للمنظمـة. ولكل نظام كلي ديناميكية يسير عليها من أجل تحقيق أهدافه، وتعبر هذه الديناميكيـة عن التفاعل الذي يحدث بين الأنظمة الفرعيـة بداخله، وبينـه وبين مـا يقع في البيئـة خارج حدوده. وهناك نموذج متفق عليه يوضح هـذه الديناميكية في شكلها المجـرد، الذي يتضمن عناصر أربعة هي: المدخلات، الأنشطة أو الفعاليات، المخرجـات، التغذية العكسية، وفيما يلي الشكل المعروف للجميع الذي يوضح هذه العناصر:

شكل رقم (٢٠)

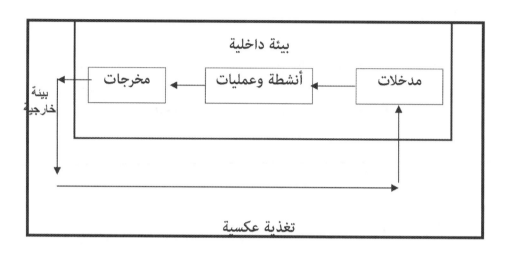

بتطبيق فكرة النظام المفتوح على برنامج تخطيط الجودة المقترح، وفي ضـوء مـا
شرحناه عن المنهجية المتكاملة لإدارة الجودة الشاملة في الفصول السابقة، وبشكل خاص
أركانها الرئيسية التالية:

- رسالة المنظمة الجديدة.

- الإستراتيجية الجديدة وأهدافها.

- ثقافة المنظمة الجديدة.

- السياسة العامة لتحقيق الجودة.

- الأنظمة الجديدة.

- السياسات الجديدة.

نحدد مكونات البرنامج بما يلي:

مدخلات البرنامج

وتتكون مما يلي:

- مطالب العملاء وتعبر عن أهداف البرنامج.
- الموارد المادية والمالية.
- الموارد البشرية:
  - مديرون.
  - موظفون.
  - عمال.
- نظام للمعلومات.
- تكنولوجيا حديثة ومتطورة.

فعاليات البرنامج

ويمكن أن نسميها بالأنشطة وتتكون مما يلي:

- تحديد الزبون.
- تحديد ما يريده الزبون (حاجاته، رغباته، توقعاته).
- ترجمة مطالب الزبون وتحليلها.
- تحديد متطلبات تحقيق ما يريده الزبون.
- تخطيط كيف تُحقق مطالب الزبون.
- تخطيط الرقابة على العمليات وتحقيق الجودة.
- تخطيط إستثمار العنصر البشري.

- تخطيط التحسين المستمر للجودة.

- التخطيط الزمني للبرنامج.

- تخطيط دور القيادة الادارية العليا.

- تخطيط تقييم البرنامج وتحقيق التغذية العكسية.

مخرجات البرنامج

وتتكون مما يلي:

- تحقيق أعلى درجة من الرضا لدى العملاء.

- التميز والتفوق على الآخرين.

- كسب حصة أكبر من السوق.

- البقاء والاستمرار.

وقبل شرح مضمون البرنامج المقترح، نود الإشارة في هـذا المقـام، إلى أن يكون برنامج تخطيط الجودة عملية مستمرة، بمعنى أن تقوم المنظمة بتنفيذ سلسلة متلاحقة من البرامج خلال حياتها بنفس المكونات لأنها تتصف بالنمطية، مـع إختلاف المضمون حسب المستجدات التي تطرأ أو تحدث في البيئتين الداخلية والخارجية، وبشكل خاص فيما يتعلق بالزبائن من حيث: أذواقهـم، وحاجـاتهم، وتوقعـاتهم، ودخلهـم..الخ. إذن يمكن القـول بـأن عنـاصر أو مكونـات البرنامج ذات صـفة عمومية، بمعنى أنه يمكن إستخدامها في كافة أنواع المنظمات، حيث يمكن إعتبارها بمثابة المرشد لها في تصـميم برامجها الخاصة بها، ويمكنها تعديلها بما يتماشى مع ظروفها الخاصة وبيئتها.

في ضوء ما تقدم وقبل شرح فعاليات تخطيط برنامج تخطيط الجودة المقترح نعرف هذا البرنامج بما يلي:

برنامج تخطيط الجودة هـو مجموعـة مـن الفعاليـات (الأنشطة) المترابطة مـع بعضها، يتم تنفيذها في تواقيت محددة، وفي علاقـات مخططة ومتزامنـة، باستخدام مجموعـة مـن المـوارد المتنوعـة والتقنيـات المناسبة. وينفـذ هـذه الفعاليـات ويتـولى مسؤوليتها أفراد يعملون في تنـاغم وتناسـق، عـلى شكل فرق عمـل، في سبيل تحقيق أهداف محددة بشكل مسبق، ويسعى جميعها إلى إرضاء العملاء والمحافظة عليهم، عن طريق مستوى عالي ومتميز في جودة كل ما يقدم إليهم.

أهداف البرنامج

تتمثل أهداف برنامج تخطيط الجودة المقترح بما يلي:

- تحقيق أعلى جودة في السلعة (أو الخدمة) وبسعر مناسب يرضى عنه العملاء، بحيث تشبع حاجاتهم ورغباتهم وتفي بتوقعاتهم، وإدخال السعادة الى نفوسهم.

- السعي للتخلص من شكاوى وتذمر العملاء بشكل نهائي.

- تخفيض التكاليف السلبية.

في ضوء الأهداف السابقة، نجد أنـه مـن الأهميـة بمكان قيام معدو البرنامج بطرح أسئلة رئيسة على أنفسهم، هذه الأسئلة تساعدهم أن يبدأوا بداية سليمة وهي ما يلي:

- ماذا يجب على البرنامج أن يفعله لتحقيق الرضا لـدى العملاء وإدخال السـعادة إلى نفوسهم؟

- ماذا يجب على البرنامج فعله للحفاظ على المركز التنافسي ـ للمنظمة وتحسينه للأفضل؟

- ما هي العقبات المحتملة في إعداد وتنفيذ البرنامج للإستعداد لها؟

- ما هي المتطلبات اللازمة لوضع البرنامج موضع التنفيذ؟

- ما هو دور القيادة الادارية العليا الذي يجب أن تقوم به لوضع البرنامج حيز التنفيذ ونجاحه؟

- ما هو دور العنصر البشري في تنفيذ البرنامج؟

- كيف نحفز العنصر البشري بشكل فعال لضمان نجاح تنفيذ البرنامج؟

فعاليات البرنامج

يتضمن برنامج تخطيط الجودة المقترح عدداً من الفعاليات المتكاملة مع بعضها، يقوم بها فرق عمل متعاونة، تضم خبراء من مختلف الادارات الانتاج، التسويق، الشراء..الخ، وسوف نعرض هذه الفعاليات فيما يلي:

تحديد من هو الزبون

تعد معرفة من هم زبائن المنظمة الخطوة الأولى في برنامج تخطيط الجودة، فهذه المعرفة تساعدها في تحديد حاجاتهم ورغباتهم وتوقعاتهم، للعمل على تلبيتها. إن هذا التحديد ليس بالأمر السهل، لأن عملاء الكثير من المنظمات ليسوا من نوعية واحدة بل من نوعيات مختلفة، وموزعون على مناطق جغرافية متعددة،

وهذا يعني وجود تفاوت كبير بين رغباتهم ومطالبهم، والحـل هـو اللجوء الى تصنيف الزبائن الى فئات أو مجموعات متجانسة مثل: السن، الجنس، الدخل، المستوى الثقافي، المستوى التعليمي، المنطقة الجغرافية..الخ، وذلك كوسيلة لتسهيل عملية تحديد المطالب والرغبات، وهذا مـا يطلـق عليـه مصطلح "تجزئـة السـوق   Market Segmention "، فهذه التجزئة تسهل على المنظمة التعامل مع كل مجموعة على حده، فتوفر لها سلع أو خدمات متنوعة تلبي مـا تريده، مـع الاشـارة إلى إحتماليـة وجود مطالب مشتركة بـين المجموعـات. وفي هـذا المجال ولإرضـاء أكبر شرائح ممكنـة مـن العملاء، نقترح بـأن تقـوم المنظمـة بتقديم مـزيج سلعي متخصص أو غـير متخصص لزبائنها، مما يزيد من قدرتها التنافسية في السوق، فالإعتماد على سلعة واحدة لم يعد مناسباً في الوقت الحاضر، لأنه يضعف من هذه القدرة، فشركات إنتاج السيارات مـثلاً، أصبحت تقدم تشكيلة متنوعة من السيارات من حيث الحجم، السرعة، الكماليات..الخ

وعند بحث موضوع تحديد الزبون، لابد مـن التعرض إلى مسـألة هامـة ذات علاقة وهي: من هو الزبون تحديداً؟ لقـد وضـع قامـوس أوكسفورد تعريفاً لـه يمكن الإعتماد عليه في هذه المسألة هو ما يلي:

الزبون هو الشاري الذي يشتري السلعة أو يقتنـي الخدمـة مـن بـائع واحـد بشكل منتظم، وليس بالضرورة أن يكون هو المستهلك الأخير لها.

ولتوضيح هذه الناحية نورد المثال التالي:

إذا إشترى والد لإبنته دميـة فهـو زبون شـاري وليـس زبونـاً مستهلكاً، ذلك لأن الزبون المستهلك في هذه الحالة هو الإبنة التي سوف تستعمل الدمية، وبالتالي يتوجب على المنظمة التي تنتج هذه السلعة، أن تسعى لإرضاء الأب وهو الزبون

الشاري، وفي الوقت نفسه إرضاء الإبنة وهي الزبون المستخدم (المستهلكة) للسلعة، وبناء عليه عليها إنتاج دمية تلبي مطالب الأب والإبنة معاً، بحيث يتوفر فيها الأوصاف التالية:

١ | بالنسبة للأب الزبون الشاري:

- الجودة.

- السعر.

- الوفرة.

- سهولة الحصول على السلعة.

٢ | بالنسبة للإبنة وهي الزبون المستخدم:

دمية بمواصفات تلبي رغباتها وتوقعاتها.

بناء على ما تقدم، فعندما تريد المنظمة تحديد زبائنها، يجب عليها ألا تعتبر الذين إشتروا سلعتها أو اقتنوا خدمتها هم زبائنها فحسب، بل كذلك الأشخاص الذين سيستخدمون السلعة (أو الخدمة).

إنطلاقاً مما تقدم، يتوجب على المنظمة دراسة مطالب كلا الزبونين الشاري والمستخدم بآن واحد، والعمل على تلبية ما يريدانه ويتوقعانه من وراء شراء السلعة أو إقتناء الخدمة، ذلك لأن الشاري كزبون يصاحبه أحد الإحتمالين التاليين:

- أن يكون الشاري نفسه هو مستخدم السلعة (أو الخدمة).

- ألا يكون الشاري هو المستخدم بل شخص آخر.

تحديد مطالب الزبون

يُقترح تقسيم مطالب الزبون إلى أربعة أقسام هي ما يلي:

١. الأهداف Goals :

وتمثل الطموح الذي يريد الزبون تحقيقه خلال فترة زمنية نتيجة شرائه للسلعة (أو الخدمة).

٢. الحاجات Needs :

وتمثل وجود نقص ما لدى الزبون يسبب له قلقاً وتوتراً، ويسعى الى تلبيته أو إشباعه من خلال شرائه للسلعة (أو الخدمة).

٣. الرغبات Wants :

وتمثل وجود نقص ما لدى الزبون لكنه ليس ملحاً ولا يسبب لديه توتراً كبيراً.

٤. التوقع Expectation :

ويمثل تنبؤ الزبون حول مدى قدرة السلعة (أو الخدمة) على تلبية أهدافه، وحاجاته، ورغباته في حالة شرائه لها.

في ضوء مكونات مطالب الزبون، يجب على المنظمة التمييز بينها من أجل تسهيل عملية تلبيتها على الوجه الأكمل، ذلك لأن الفلسفة التي تقوم عليها إدارة الجودة الشاملة، هي إرضاء الزبون من خلال تحقيق كل مطالبه، فهذا يضمن لها البقاء والاستمرار، فالزبون هو الذي يقرر ما يريده وليس المنظمة. في السابق كانت المنظمات هي التي تقرر ما تقدمه لعملائها، حيث كان بإعتقادها أنها هي الأقدر على تحديد مطالبهم، وأن ما تقدمه لهم هو الأصح، فالعميل من وجهة نظرها

ليس بمقدوره أن يحدد ما يريده بشكل صحيح وموضوعي، لذلك تقوم المنظمة نيابة عنه وكمساعدة له في تقديم السلعة أو الخدمة الصحيحة له من وجهة نظرها. والذي مكن المنظمات آنذاك من تبني هذه الاستراتيجية، هي أن المنافسة لم تكن قوية في العقود الماضية، بمعنى آخر أن مركز العميل في السوق لم يكن قوياً بما فيه الكفاية ليفرض على المنظمات ما يريده ويرغبه، وذلك بسبب قلة بدائل الاختيار المتاحة أمامه، لأن المنافسة كانت غير قوية. لكن مع تزايد شدة المنافسة في الآونة الأخيرة في الأسواق المحلية والعالمية، ووفرة البدائل من السلع والخدمات أمام المستهلكين، جعلتهم يفرضون على المنظمات ما يريدونه، والمنظمة التي لا تتمكن من تلبية مطالب عملائها، معنى ذلك خسارات متتالية لحصتها في السوق، وتدريجياً ستؤول إلى الزوال. وأصدق مثال على ما تقدم، هو ما حدث في صناعة التلفاز في بريطانيا. ففي الخمسينات والستينات، كانت صناعة التلفاز في بريطانيا صناعة رائجة على مستوى السوق المحلي، فبسبب أن التلفاز سلعة كمالية آنذاك وصيانته مرتفعة، لجأت الشركات المنتجة الى سياسة التأجير، وقد حققت مكاسب كبيرة من وراء هذه السياسة. ومع مرور الزمن أصبح التلفاز ليس بالسلعة الكمالية، بل سلعة أساسية في المنزل، وتغيرت إتجاهات المستهلك من إستئجاره إلى شرائه، وبموجب ذلك أصبح المستهلك هو الذي يتحمل نفقات الصيانة، التي جنت الشركات المنتجة أرباحاً طائلة من ورائها، حيث فاقت أرباح الصيانة أرباح البيع. وفي منتصف السبعينات دخلت اليابان السوق البريطاني المحلي، وقدمت تلفازاً ذو جودة عالية وبسعر منافس، مما جعل نفقات الصيانة قليلة مقارنة بنفقات صيانة التلفاز المحلي. وخلال فترة من الزمن، تحول الطلب من التلفاز البريطاني إلى التلفاز الياباني، ذلك لأنه حقق ما يريده المستهلك، وتدريجياً تراجعت صناعة التلفاز في بريطانيا، إلى أن وصل الأمر أن بعض المصانع المنتجة له إنهارت وأغلقت أبوابها، وهذا كله بسبب عدم تمكنها من تلبية مطالب العملاء.

ومن أجل تلبية مطالب العملاء وتحقيق ما يريدونه يجب القيام بما يلي:

● دراسة أهداف وحاجات ورغبات العملاء وفهمها، ومن ثم تحديد ما يتوقعه العميل من المنظمة.

● دراسة مستوى ما يقدمه المنافسون في مجال تلبية مطالب عملائهم، وكيف يتعاملون مع هذه المطالب، ومقارنة ذلك مع ما سوف تقدمه المنظمة لعملائها. وتأتي هذه الدراسة عادة تحت مسمى معروف هو **تحليل المنافسة**، التي تشتمل على الجوانب الأربعة الرئيسية التالية:

- ما هي المنظمات المنافسة.

- ما هي نقاط القوة والضعف لدى المنظمات المنافسة.

- ما هي أكثر المنظمات تهديداً للمنظمة.

- كيف يتم التفوق على المنظمات المنافسة.

في ضوء ما تقدم نجد أنه عند تحديد مطالب الزبائن يتوجب تحديد ودراسة ما يلي:

● أهدافهم.

● حاجاتهم.

● رغباتهم.

● توقعاتهم.

● دخلهم.

● عاداتهم الشرائية.

● معايير تقييمهم للمنافع التي يحصلون عليها من السلعة (أو الخدمة).

وللتأكد على مدى أهمية دراسة وتحديد مطالب العملاء، تقوم الشركات اليابانية في زيارة عملائها في البيئة التي يعيشون فيها، وذلك للإطلاع على واقع هذه البيئة وظروفها، حيث يساعد ذلك في تحديد مطالب واقعية فعلية، وتقديم سلعة (أو خدمة) تتوافق وإلى حد كبير مع هذه المطالب، وقد حققت هذه الشركات نجاحات ملفتة للأنظار.

نخلص مما تقدم أن المعلومات التي تحصل عليها المنظمة عن مطالب عملائها، تمكنها من تصميم سلعة (أو خدمة) تتماشى مع هذه المطالب، وبالتالي يمكن القول بأن تحديد المطالب هي نقطة البداية في تحقيق الجودة المطلوبة. ونود الإشارة في الختام الى أن عملية تحديد ودراسة مطالب العملاء عملية مستمرة، وذلك للوقوف على أي تغيير يحدث فيها، للعمل على تلبيته بأقصى سرعة ممكنة.

ترجمة مطالب الزبون

يقصد بالترجمة تحويل أهداف، وإحتياجات، ورغبات الزبون الى لغة فنية يفهمها العاملون (لغة الانتاج)، فهذه الترجمة ضرورية من أجل فهمها من قبل المعنيين، للعمل على تلبيتها من خلال سلعة (أو خدمة) تشبع ما يريده الزبون، ونتائج الترجمة توضح ما يلي:

- ما الذي يريده الزبائن، وما الذي لا يريدونه؟

- ماذا تقدم المنظمة للزبائن لكسب رضاهم؟

- كيف تتعامل المنظمة مع العملاء لكسب رضاهم.

في ضوء الاجابة عن التساؤلات السابقة يجري ما يلي:

١ تحديد المنتجات (سلعة أو أكثر) أو الخدمات التي يطلبها الزبائن.

٢ تصميم المنتجات (أو الخدمات) وفق مواصفات ومستوى جودة عالي يلبي مطالب الزبائن ويحقق الرضا لديهم.

٣ تصميم العمليات التي من خلالها يتم توفير المنتجات أو الخدمات.

٤ ترجمة العمليات لطرق وإجراءات عمل تنفيذية.

٥ تشكيل فرق عمل وتدريبها بشكل جيد الى جانب تشكيل حلقات جودة، لدراسة المشاكل التي تعترض تنفيذ العمل ووضع حلول لها.

٦ تحديد الأدوار وفق مبدأ سلسلة الجودة، التي تقوم على فكرة الممول والمستهلك الداخلي.

٧ تخطيط عمليات التحسين المستمرة.

تحليل مطالب الزبون

تهدف عملية التحليل الى معرفة متطلبات تحقيق أو تلبية مطالب الزبائن، وبمعنى آخر، ما الذي تحتاجه المنظمة من أجل إنتاج سلعة أو تقديم خدمة لتحقيق مطالبهم وبالتالي كسب رضاهم؟ وتشتمل عملية التحليل على الجوانب الرئيسية التالية:

- تحليل المطالب من الناحية الفنية لتحديد إحتياجاتها من حيث:
  - الموارد المادية.
  - الموارد البشرية.
  - الزمن.
  - التكنولوجيا.

● تحليل المطالب من الناحية التسويقية لتحديد إحتياجاتها من حيث:

- الأسواق.

- منافذ التسويق.

- الترويج.

- خدمات بعد البيع.

● تحليل المطالب من الناحية المالية لتحديد إحتياجاتها من حيث:

- حجم الأموال اللازمة للاستثمار في رأس المال الثابت والمتداول.

- مصادر التمويل المالي.

- العائد على الاستثمار.

وبعد عملية تحليل مطالب الزبائن ومعرفة متطلبات تلبيتها في السلعة (أو الخدمة) المنوي تقديمها لهم، نقترح إجراء مقارنة هذه المتطلبات مع الإمكانات المتاحة في المنظمة، لتحديد النواقص الفنية، التسويقية، المالية.. الخ، للعمل على توفيرها وتهيئتها.

رقابة العمليات

تهدف رقابة العمليات إلى متابعة وتقييم الأداء، من أجل تحقيق شعار الجودة وهو العمل الصحيح من أول مرة، والعمل على تحسينها بشكل مستمر، ونقترح أن يتم ذلك من خلال الأعمال التالية:

● الاستمرارية في متابعة الأداء وقياسه، لتوفير المعلومات الكافية من أجل عملية التقييم.

- تحديد الإنحرافات أولاً بأول، ويكون ذلك من خلال مقارنة الإنجاز المحقق مع مستوى الجودة المطلوبة، التي تعبر عن المعايير التي يجب الوصول اليها.
- تحديد أسباب الإنحرافات وتحليلها للوصول إلى نتائج.
- وضع الحلول الكفيلة لتلافي الإنحرافات.
- إتخاذ الإجراءات والتدابير الكفيلة لوضع الحلول موضع التنفيذ.

تقييم رضا الزبون

بعد تقديم السلعة (أو الخدمة) للزبون وفق مطالبه التي جرى تحديدها، نرى من الأهمية بمكان أن تقف المنظمة وتعرف مدى الإشباع الذي حققته السلعة (أو الخدمة) لهذه المطالب، التي في ضوئها يحدد مستوى رضاه، ونعرض فيما يلي قائمتين مقترحتين لتقييم (إستقصاء) هذا الرضا في نوعين من المنظمات كنموذج توضيحي لعملية التقييم:

قائمة تقييم مقترحة خاصة بمنظمات إنتاجية

س(١) ما هي درجة رضاك عن الجوانب التالية المتعلقة بالمنتجات التي تقدم لك:

	نعم	لا
• تشكلية سلعية تلبي إحتياجاتك وتوقعاتك .	☐	☐
• السعر مناسب .	☐	☐
• الجودة المتوفرة في السلعة عالية تلبي إحتياجاتك وتوقعاتك.	☐	☐

س(٢) ما هي درجة رضاك عن السياسات والإجراءات المتبعة في المنظمة :

	نعم	لا
• وجود تسهيلات مالية جيدة في دفع قيمة السلعة.	❑	❑
• يوجد ضمان للسلعة يغطي فترة زمنية مناسبة.	❑	❑
• يتم تسليم المشتريات بسرعة وبكفاءة.	❑	❑
• خدمات الصيانة متوفرة دائماً.	❑	❑
• طلبات الصيانة تلبى بسرعة.	❑	❑
• الرد على الاستفسارات يكون سريعاً وكافياً.	❑	❑

س(٣) ما هي المشاكل التي تصادفك خلال تعاملك مع المنظمة:

....

....

....

س(٤) إستخدم الفراغ التالي لإضافة أية تعليقات أو مقترحات تتعلق، بكيف يمكن للمنظمة أن تزيد من درجة رضاك عن منتجاتها وخدماتها التي تقدمها لك:

....

....

....

س(٥) من خلال تعاملك مع المنظمة سابقاً وحالياً، هل تـرى المنظمـة تتحسـن عـن ذي قبل:

لا يوجد تحسن ❑ أتوقع أن يتحسن الوضع مستقبلاً ❑ يوجد تحسن ❑

قائمة تقييم مقترحة خاصة بمنظمة حكومية

س(١) ما هي درجة رضاك عن مستوى الخدمة التي تقدمها المنظمة؟

ممتاز ❑ جيد جداً ❑ جيد ❑ متوسط ❑ ضعيف ❑

س(٢) هل الخدمة التي تقدمها المنظمة لك تلبي مطالبك وتوقعاتك؟

نعم ❑ لا ❑

س(٣) إذا كانت إجابتك عن السؤال السابق بلا، فما هو النقص في رأيك؟

....

....

س(٤) هل أنهيت عملك في المنظمة:

بسرعة جيدة ❑ بسرعة متوسطة ❑ ببطىء وتأخير ❑

س(٥) هل عاملك الموظفون في المنظمة باحترام؟

بدرجة عالية ☐   بدرجة متوسطة ☐   لم يعاملوني باحترام ☐

س(٦) هـل سـاعدك موظـف الاسـتعلامات في إنجـاز معاملتـك وأرشـدك بشـكل جيـد وصحيح؟

نعم ☐   لا ☐

س(٧) هل تنقلت كثيراً بين غرف المكاتب أثناء إنجازك لمعاملتك؟

تنقل كثير ☐   تنقل عادي ☐   تنقل قليل ☐

س(٨) هل روعي الدور في إنجاز المعاملات في المنظمة؟

نعم ☐   لا ☐

س(٩) هل لاحظت تباطؤاً من قبل الموظفين في إنجاز معاملتك؟

نعم ☐   لا ☐

س(١٠) هل سبق لك وأن طلبت معلومة أو إستفسار من المنظمة عن طريق الهاتف؟

نعم ☐   لا ☐

س(١١) إذا كان الجواب السابق بنعم، فهل حصلت على ما تريد:

● بسرعة   نعم ☐   لا ☐

● المعلومة التي تريدها: نعم ☐   لا ☐

س(١٢) ما هي الإيجابيات التي لاحظتها أثناء زيارتك للمنظمة؟

....

....

....

س(١٣) ما هي السلبيات التي لاحظتها أثناء زيارتك للمنظمة؟

....

....

....

س(١٤) ما هي التحسينات التي ترى أنه من المناسب إدخالها على الخدمة التي تقدمها المنظمة لك؟

....

....

س(١٥) كيف يمكن الحصول على رضا عالي منك عن الخدمة التي تقدمها المنظمة لك؟

....

....

ونعرض فيما يلي بعض مظاهر عدم رضا العملاء، للاستئناس بها عند التقييم:

- الانفعال.

- الاحساس بخيبة الأمل.

- الإحباط.

- الغضب.

- إحساس الزبون بأنه خدع.

- الحرص الشديد فيما يخص أي شيء تقدمه المنظمة له نتيجة الشك وعدم الثقة.

- ترويج مشاعر سلبية لدى عملاء آخرين.

الى جانب ما تقدم نقترح بعض المجالات على سبيل المثال وليس الحصر، التي يمكن أن تدور حولها عملية جمع المعلومات من أجل تقييمها، وتحديد درجة رضا الزبون ومستوى السعادة التي أدخلتها المنظمة الى نفسه:

- مدى الإهتمام بالعميل.

- مدى إظهار مشاعر المودة للعميل.

- مدى إظهار الإحترام للعميل.

- مدى سهولة أو صعوبة الحصول على السلعة أو الخدمة.

- السعر المناسب.

- كثرة الأعطال.

- مدى صعوبة أو سهولة إستخدام السلعة.

- تكلفة الصيانة .

- مدى التعامل مع شكاوى العميل بجدية وسرعة.

- مدى جودة خدمات بعد البيع.

إن النتائج التي يتم التوصل إليها عـن طريـق التقيـيم، تـوفر للمنظمـة تغذيـة عكسية مرتدة من المعلومات عـن مسـتوى الإشباع الـذي حققتـه السـلعة أو الخدمـة، لمطالب وتوقعات زبائنها وبالتالي رضاهم وسعادتهم، كمـا تكشـف لهـا جوانـب النقـص التي يجب تلافيها، ومجالات إدخال التحسينات المسـتمرة، لزيـادة مسـتوى الإشباع والرضا والسعادة لدى الزبائن، وبالتالي يمكن القول أن تخطيط التحسينات المسـتمرة تجـري في ضوء نتائج إستطلاع وتقييم رأي الزبائن فيما قدمته المنظمة لهم من سلع أو خدمات.

تحسين الجودة المستمر

تحسين الجودة المسـتمر خطـوة لاحقـة كـما أشرنا لعمليـة التقيـيم، فنقـترح أن يكون برنامج تخطيط الجودة عمـلاً دائمـاً ومسـتمراً طـوال حيـاة المنظمـة ومسـيرتها المستقبلية، فهذه البرامج المسـتمرة والتحسـينات الدائمـة، تـتمكن المنظمـة مـن خلالهـا المحافظة على إشباع عـالي المسـتوى لمطالـب زبائنهـا ورضـاهم العـالي أيضا. فالتحسـين المستمر يُمكن المنظمة من تثبيت أقدامها في السوق والمحافظة عـلى بقائهـا واستمرارها من خلال ولاء عملائها لها، فالمنافسـة الشـديدة في الوقت الحـاضر، تحتاج الى جهـود تخطيطية وتنفيذية متواصلة، لتحقيق الجودة العالية والتميز على الآخرين، فالتحسـين المستمر للجودة يضمن للمنظمة أن تكون دائماً في الطليعة وفي

مجال المنافسة، كما يضمن لها رضا دائم وسعادة لدى العملاء. ونقترح إستخدام خطة في مجال التحسين المستمر للجودة تدعى بـ (PANDA)، التي حققت نجاحاً كبيراً في العديد من الشركات الغربية، وتشتمل خطة "الباندا" على المراحل التالية:

التحضير	. Prepar

يتم في هذه المرحلة ما يلي:

- تحديد المسألة أو المشكلة (موضوع التحسين) بشكل واضح.

- جمع معلومات عن المسألة.

- تحديد ومعرفة مسار المسألة.

- تحديد الأسباب التي أدت اليها.

العمل	. ACT

في ظل نتائج المرحلة الأولى السابقة، يتم وضع حلول (تحسينات) مبدئية من أجل التعامل مع المسألة، فالمهم ليس أن نكتشف المشكلة، بل المهم أن نعرف ماذا سنفعل حيالها لتحقيق التحسين.

الدخول في العمق والإبتكار	. Navigate

يجري في هذه المرحلة تحويل الحلول المبدئية إلى حلول نهائية يراعى فيها عنصر التجديد والإبداع، ذلك لأن الهدف الأساسي لعملية التحسين المستمر هو إدخال أشياء جديدة مبتكرة، تساعد على تحقيق الجودة والتميز. وتصاغ هذه الحلول على شكل أهداف عملية التحسين، مطلوب من الجميع إنجازها مع تحديد

مسؤولياتهم، وهذا الأمر يحتاج الى تعديل تخطيط الجودة السابق، بما يتماشى مع متطلبات التحسينات الجديدة ووضعها موضع التنفيذ.

التنفيذ | Do .

يتم في هذه المرحلة وضع التحسينات الجديدة موضع التنفيذ لتحقيق الأهداف، ويتخلل التنفيذ قياس مستمر لجمع المعلومات، من أجل إستخدامها في تقييم مدى نجاح التحسينات في تحقيق الجودة العالية، فإذا أظهر التقييم المرحلي أن بعض الحلول أو كلها لم تكن فعالة ولم تحقق المرجو منها، يمكن في هذه الحالة الرجوع الى المرحلة الثانية ACT أو الثالثة Navigate لتعديل الحلول، أو وضع حلول جديدة أكثر جدوى في تحقيق الجودة، ومن ثم الانتقال إلى المرحلة الثالثة فالرابعة.

التقييم النهائي | Assess .

بعد الإنتهاء من التنفيذ يجري تقييم عام وشامل للوقوف على مدى نجاح التحسينات في تحقيق مستوى الجودة العالي المطلوب، وذلك من خلال معايير واضحة ودقيقة يجري مقارنة الإنجاز الفعلي بها. فبعد تقديم المنتج أو الخدمة الى العملاء، يجري تقييم لآرائهم حول التحسينات الجديدة التي قدمت إليهم، وذلك للإستفادة منها مرة ثانية في التحسينات المستقبلية، فالتحسين كما ذكرنا مستمر في ظل إدارة الجودة الشاملة. وتجدر الإشارة إلى أن عملية تقييم نجاح التحسينات في تحقيق الجودة، يحتاج الى إستخدام أدوات كمية وإحصائية.

وفيما يلي شكل توضيحي يبين لنا مراحل خطة التحسين "الباندا" المقترحة:

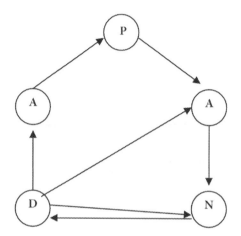

شكل رقم (٢١)

واستكمالاً للموضوع نعرض بعض الجوانب العامة المقترحة، التي يجب أن تؤخذ في الاعتبار في برامج التحسين المستمرة للجودة، التي يمكن إعتبارها بمثابة مبادىء للتحسين ضروري الالتزام بها:

- التحسين المستمر مسؤولية شاملة معني بها كل من يعمل في المنظمة رؤساء ومرؤوسين وفي كافة المستويات التنظيمية.
- يركز التحسين المستمر على متابعة وتدقيق الأعمال باستمرار، من أجل جعل مستوى جودتها أفضل بشكل دائم.
- يقوم التحسين المستمر على مبدأ هو: أنه يوجد دائماً شيئاً أفضل نقدمه للزبائن، وبالتالي فالتحسين ليس له حدود.
- لا يقتصر التحسين المستمر على مجال معين، بل يشمل كافة المجالات داخل المنظمة.

ولضمان نجاح عملية التحسين المستمر للجودة نقترح التركيز على جانبين هامين داعمين وأساسيين، لهما تأثير مباشر في نجاحها هما ما يلي:

١ : العنصر البشري ودوره في التحسين ويمكن تلخيصه فيما يلي:

● أن يتمتع ويتصف العاملون بخصائص وسلوكيات إيجابية (خبرة، مهارة..الخ) تخدم إنجاز أهداف التحسين.

● أسلوب عمل العنصر البشري جماعي، يعمل الأفراد ضمن فرق عمل لكل منها دور محدد ومسؤولية وسلطة محددة.

● فريق العمل ليس له هيكل تنظيمي تقليدي، لكن له قائد يوجهه ويقوده.

● يناط بفريق العمل إنجاز تحسين بكامله.

● يحاسب فريق العمل ويجري تحفيزه على قدر إنجازه وعلى مدى ما يحققه من نتائج.

● يؤدي فريق العمل مهامه في ظل: التعاون، والتكامل بين الأدوار، والمشاركة في إتخاذ القرارات، والمسؤولية المشتركة.

٢ : القيادة الادارية العليا ودورها في التحسين ويمكن تلخيصه بما يلي:

● توفير كافة أنواع الدعم المادي والمعنوي اللازم وبشكل مستمر ودائم.

● تهيئة المناخ التنظيمي المناسب.

● الإستعداد الدائم لمواجهة أية مشكلة أو طارىء أثناء تنفيذ برنامج تخطيط الجودة، والتدخل السريع عند الحاجة.

● المتابعة والتقييم المستمرين لكافة الجهود المبذولة في تطبيق برنامج تخطيط الجودة، والعمل على تصويب الإنحرافات السلبية، وتدعيم الجوانب الإيجابية واستغلالها بشكل أحسن في برامج التحسين المقبلة.

العوامل المؤثرة في نجاح برنامج تخطيط الجودة

نعرض في ختام برنامج مقترح لتخطيط الجودة، بعض النصائح والارشادات التي تلعب دوراً مؤثراً وإيجابياً في نجاحه، مع الاشارة إلى أن هذه النصائح مستوحاة من الفصول الأولى من هذا الكتاب:

١ إستطلاع وتقييم رأي العملاء هو الأساس الذي يجب أن يقوم عليه وضع البرنامج، فتقييم العملاء يوضح لمعدي البرنامج فرص التحسين المستمر للجودة.

٢ الإستفادة من أخطاء الماضي لجعل العمل الصحيح يؤدى من أول مرة مستقبلاً وتحقيق الجودة العالية.

٣ التركيز وبشكل كبير على مفهوم سلسلة الجودة الداخلية (الممول والمستهلك الداخلي) .

٤ إستخدام الأدوات الكمية والاحصائية، وخاصة في مجال الرقابة على الجودة.

٥ جعل تنفيذ البرنامج مسؤولية الجميع، بحيث يكون التحسين المستمر للجودة هو الهاجس والهدف الرئيسي لكل من يعمل في المنظمة.

٦ تبني مبدأ مشاركة الجميع في إعداد البرنامج.

٧ تحديد الأدوار بشكل واضح ودقيق وشرحها للجميع.

٨ تفويض كل مسؤول في البرنامج سلطة كافية لتمكينه من أداء دوره كما هو مطلوب منه.

٩ التركيز على برامج التدريب المستمرة، لرفع مهارات العاملين وتمكينهم من تطبيق التحسينات التي سيدخلها برنامج تخطيط الجودة.

١٠ تعزيز وتفعيل نظام المعلومات الخاص بالجودة، وجعله في متناول كل من يحتاج إليه.

١١ تفعيل عالي المستوى للرقابة على جودة الأداء والإنتاج في كافة مراحل العمل.

مشروع جائزة إدارة الجودة الشاملة

بعد الإستعراض السابق لمكونات المنهجية المتكاملة لإدارة الجودة الشاملة ونماذجها، وفي ضوء هذه المكونات، يعرض المؤلف مشروعاً لجائزة إدارة الجودة الشاملة في المنظمات، كوسيلة لإثارة المنافسة الشريفة بينها من أجل الحصول عليها، بما يحقق النفع لها، وللعاملين فيها، وللمجتمع في الوقت نفسه، وذلك من خلال توفيرها السلع والخدمات بمواصفات جودة عالية المستوى، بحيث تلبي مطالب وتوقعات زبائنها، ولا تضر بالصحة العامة والبيئة. وتمنح الجائزة على أساس معايير تقييم لها أوزان محددة، بحيث تستحق الجائزة المنظمة التي تحصل على أكبر عدد من النقاط عند تقييمها، وتحدد المنظمة الفائزة بالجائزة من قبل لجنة مختصة. ونود الإشارة إلى أن تعريف معايير الجائزة، قد سبق شرحها وتوضيحها في ثنايا هذا الكتاب يمكن الاطلاع عليها، كما نود الإشارة إلى إمكانية تعديل معايير التقييم وأوزانها حسب الحاجة والضرورة، وفيما يلي عرض لمعايير التقييم وأوزانها:

الرسالة	٢٠ نقطة

- وضوح الرؤية المستقبلية للمنظمة.   ١٠

- مدى التقدير والاهتمام بزبائن المنظمة وتلبية حاجاتهم وتوقعاتهم.   ١٠

الإستراتيجية	٥٥ نقطة

- وضوح الأهداف وواقعيتها، ومدى تركيزها على مسألة التميز والتفوق على الآخرين، وتحقيق الأرباح.   ١٥

- إنسجام وتوافق الإستراتيجية مع رسالة المنظمة وقدرتها على تحقيقها.   ١٠

- مدى مراعاة الاستراتيجية لمسألة التكيف مع المتغيرات البيئية، وخاصة فيما يتعلق بمطالب الزبائن وتوقعاتهم.   ١٠

- درجة التكامل بين التخطيط الطويل والمتوسط والقصير الأجل.   ٥

- مدى وجود خطط تفصيلية.   ٥

- مدى وجود خطط بديلة.   ٥

- مدى وجود معايير لتقييم الخطط ووضوحها.   ٥

الثقافة التنظيمية	٣٠ نقطة

• مدى قدرة ثقافة المنظمة على توحيد الأنماط السلوكية لـدى العـاملين، من خلال وجود مفاهيم ومعتقدات تنظيمية واحدة يطبقها الجميـع وهي: الصدق، الأمانة، الثقة، الإخلاص، حسـن التعامـل مـع الآخرين، الإحترام للزبائن والعاملين. ١٥

• مدى قدرة ثقافة المنظمة على تحقيق الترابط بين العـاملين مـن خـلال إيجاد لغة مشتركة بينهم. ٥

• مدى قدرة ثقافة المنظمـة عـلى تحقيـق الشـعور بالمسـؤولية والرقابـة الذاتية لدى كل من يعمل في المنظمة. ٥

• مدى إنسجام ثقافة المنظمة مع رسالتها وإستراتيجيتها. ٥

الفلسفة التنظيمية	٤٥ نقطة

• مدى إعتبار رضا الزبائن هدف الجميع. ١٠

• مدى إعتبار العنصر البشري في العمل هو الأسـاس في تحقيـق الجـودة ورضا الزبائن. ١٠

- مدى النظر إلى إدارة الجودة الشاملة على أنها رحلة طويلة وليست محطة وصول، فهي ليست ببرنامج مؤقت. ٥
- مدى إعتبار مسألة الجودة سلاح من أجل مواجهة المنافسة وتحقيق الأرباح من خلال رضا الزبائن. ٥
- مدى شمولية مسألة الجودة لكافة مجالات العمل. ١٠
- مدى إعتبار مسألة تحقيق الجودة مسؤولية الجميع. ٥

الهيكل التنظيمي ٣٥ نقطة

- درجة اللامركزية في السلطة والأداء. ١٠
- درجة الإعتماد على التصميم الأفقي، وقصر خطوط الاتصال بين قمة الهيكل التنظيمي وقاعدته، وقدرتها على تحقيق السيولة التنظيمية من خلال السرعة. ١٠
- مدى تصميم العمل على أساس العمليات وليس الأعمال. ٥
- مدى وضوح أدوار التقسيمات الادارية ومدى التكامل والتنسيق بينها. ٥
- مدى وضوح أدوار العاملين وتكاملها والتنسيق بينها. ٥

الأنظمـة ٣٠ نقطة

- مدى وضوح الأنظمة وفهمها من قبل من يطبقها. ٥
- مدى قدرة الأنظمة على ضبط العمل. ١٠
- مدى الإلتزام بالأنظمة، وكيفية التأكد من ذلك. ١٠
- إنسجام الأنظمة مع الاستراتيجية. ٥

السياسات ٢٥ نقطة

- مـدى قـدرة السياسـات عـلى ضـبط وتوجيـه إتخـاذ القرارات، وبالتالي مدى الإلتزام بها من قبـل المعنيـين، وكيفيـة التأكـد من ذلك. ١٥
- مدى شمولية السياسات وتفصيلها . ٥
- مدى وضوح السياسات. ٥

العمليات	١٥٠ نقطة

- جودة تصميم المنتج.   ٥٠

- جودة تصميم العمليـات مـن حيـث قـدرتها عـلى تحقيـق السـهولة في
  الأداء.   ١٠

- جودة تصميم العمليـات مـن حيـث قـدرتها عـلى تحقيـق السـرعة في
  الأداء.   ١٠

- جودة تصميم العمليات من حيث قدرتها عـلى تـوفير المرونـة في الأداء
  والإستجابة للتغير الذي يحدث في مطالب الزبائن وتحقيق عمليات
  التحسين المستمر.   ٢٥

- مدى مراعاة تطبيق أسلوب سلسلة الجودة الداخلية، من أجل تحقيق
  الترابط والتكامل في مستوى الجودة المرحلية ضمن العملية الواحدة.   ٣٠

- المستوى التقني المستخدم في تنفيذ العمليات .   ٢٥

القيـادة	٩٠ نقطة

- مدى إقتناع القيادة العليا بمنهجية إدارة الجودة الشاملة ودعمها ومؤازرتها لتطبيقها، وتوفير الإمكانات اللازمة لها، ودورها في تعميـق أهميـة الزبـون ورضاه لدى العاملين. ٢٥

- مدى تطبيـق ديموقراطيـة الإدارة والمشـاركة في كافـة المستويات الادارية، ومدى تفعيل العمل الجماعي التعاوني. ٢٠

- مدى تطبيق مبدأ تفويض السـلطة والادارة بالاسـتثناء في كافـة المستويات الادارية. ١٠

- مـدى دعـم القيـادة الاداريـة العليا لعمليـات التحسـين المسـتمر لكافـة العمليات. ١٠

- مدى إهتمام القيادة الادارية العليا بعملية التعليم والتدريب المستمرين. ١٠

- مدى تطبيق القادة في مختلـف المستويات الادارية لأسلوب الادارة عـن قـرب (القيـادة الجوالـة) وتفعيل الاتصـال غيـر الرسـمي بـين الرؤسـاء والمرؤوسين. ١٠

- مدى اهتمام القيادة الادارية العليا بقاعدة الهرم التنظيمي (العمال) ٥

| إدارة الموارد البشرية | ٩٠ نقطة |

- مدى فاعلية سياسة التحفيز المادي والمعنوي مـن حيـث: عـدالتها، ومدى تلبيتها لمطالـب وحاجـات المـوارد البشـرية في المنظمة، ومستوى الرضا الوظيفي لديهم. ٣٠

- مـدى فاعليـة عمليـة التـعلم والتدريب مـن حيـث: تحديـد الإحتياجـات التدريبية، وجودة البرامج التدريبية، وإستمراريتها، وشموليتها. ١٥

- مدى تطبيق قياسات مستمرة لمستوى الروح المعنوية لـدى المـوارد البشرية. ٥

- مدى كفاءة عملية إستقطاب الموارد البشرية الجيدة. ٥

- مدى كفاءة عملية إختيار وتعيين الموارد البشرية وموضوعيتها. ٥

- مدى فاعلية قياس وتقييم كفاءة الموارد البشرية. ١٠

- مـدى فاعليـة بـرامج الصـحة والسـلامة المهنيـة لحمايـة العـاملين مـن أخطار العمل. ٥

- مدى كفاءة الادارة المختصـة برعايـة شـؤون المـوارد البشـرية، وتوفير الإمكانات المادية والفنية لها. ١٥

| إدارة الموارد المادية | ٦٠ نقطة |

- مدى كفاءة الجهـاز المـالي والمحاسـبي مـن حيـث قدرتـه علـى: ضـبط العمليات المالية، والتحليل المالي، والرقابة المالية وخاصة التكاليف، وإعداد الميزانيـات التقديريـة والختاميـة، وتحديـد مصـادر التمويـل، وتوفير الأموال اللازمة، وأسلوب حساب العائد على الاستثمار . ٢٥

- القدرة على ترشيد الاستهلاك والحد من هدر المـوارد بمختلـف أنواعهـا بما فيها إدارة وإستثمار الوقت. ١٠

- مدى تبني معيار التكلفة الكلية الشاملة وليس تكلفة التصنيع فقط. ١٠

- مدى كفاءة عملية التخزين وضبطها لتكلفة المخزون. ١٥

نظام المعلومات	٥٠ نقطة

- مدى كفاءة نظام التغذية العكسية في قياس وتقييم رضا الزبائن وتحقيق استرجاع جيد للمعلومات عنهم . ١٠

- مدى توفر قاعدة معلوماتية بإمكان الجميع إستخدامها، من خلال شبكة معلومات داخلية باستخدام الحاسب الآلي . ١٠

- مدى كفاءة عملية جمع المعلومات والبيانات عن كافة مجالات العمل داخل المنظمة وخاصة المتعلقة بنتائج الرقابة وإستمراريتها. ١٥

- مدى كفاءة عملية جمع المعلومات عن البيئة الخارجية وإتجاهات متغيراتها المؤثرة في المنظمة، وخاصة فيما يتعلق بالموردين. ١٠

- مدى توفر معلومات خاصة ببرامج تحسين الجودة. ٥

أسلوب تنفيذ العمل	٣٠ نقطة

- درجة تبني أسلوب حلقات الجودة، ومدى فاعليتها، وإنتشارها في المنظمة. ١٠

- درجة الإعتماد على فرق العمل، ومدى فاعليتها مـن حيـث: تشـكليها، وسلطاتها، وإنتشارها في الهيكل التنظيمي. ٢٠

الموردون ٢٥ نقطة

- مـدى كفـاءة عمليـة إختيـار المـوردين مـن خـلال معـايير موضـوعية للمفاضلة بينهم. ١٠
- مدى كفاءة تقييم أداء الموردين. ٥
- مدى حسن العلاقة مع الموردين من خـلال النظـرة إلـيهم كمسـاندين وداعمين لجهود تحسين الجودة المستمرة. ١٠

المسؤولية الأخلاقية والاجتماعية ٢٥ نقطة

- مدى التزام المنظمة بقوانين حماية البيئة والتلوث. ١٠
- مـدى حـرص المنظمـة عـلى المـوارد الطبيعيـة المحليـة وعـدم سـوء إستخدامها واستغلالها . ٥
- مدى إسهام المنظمة في تنمية وخدمة المجتمع. ١٠

التحسين المستمر للجودة ٧٥ نقطة

- الأسلوب المتبع في عملية فهم الزبائن من حيث: ١٥
  ١. تحديد نوعية الزبائن.
  ٢. تحديد مطالب وتوقعات الزبائن.
  ٣. ترجمة مطالب وتوقعات الزبائن إلى اللغة الفنية.
  ٤. تحديد مستلزمات تحقيق مطالب وتوقعات الزبائن.
- درجة إستمرارية برامج تحسين الجودة. ١٥
- المنهجية المتبعة في تحسين الجودة من حيث: ٢٠
  ١. إختيار العملية المراد تحسينها.
  ٢. جمع المعلومات عن العملية.
  ٣. تقييم الوضع الحالي للعملية.
  ٤. وضع التحسين المطلوب للعملية.
  ٥. تنفيذ التحسين المطلوب وتقييمه.
  ٦. تسجيل نتائج التحسين وتعميمها على عمليات أخرى.
- مدى كفاءة عملية تقييم رضا الزبائن بعد تحسين الجودة. ١٠
- مدى توفر الإمكانات المادية والبشرية لعمليات تحسين الجودة. ١٥

الرقابة ٧٥ نقطة

- مدى فاعلية الرقابة على الجودة من خلال تطبيق نظام متكامل يشتمل على: رقابة وقائية ومرحلية ونهائية بآن واحد. ١٠
- مدى إستخدام الأساليب الإحصائية والكمية في الرقابة على جودة الانتاج. ٥
- مدى جودة معايير الرقابة في كافة المجالات. ٥
- مدى توفر التقنيات الحديثة في الرقابة على جودة الإنتاج بشكل خاص والعمل بوجه عام. ١٠
- مدى توفر الخبرات الكافية في الرقابة على جودة الإنتاج. ١٠
- مدى كفاءة عمليات صيانة التجهيزات الرأسمالية والمعدات عموماً. ٥
- مدى الاهتمام بالتفاصيل كوسيلة للوصول إلى الجودة العالية. ٥
- مدى شمولية الرقابة لكافة مجالات العمل. ٥
- درجة التوثيق المتبعة في نتائج الرقابة. ٥
- مدى كفاءة إعداد تقارير الرقابة من حيث وضوحها ودقتها. ٥
- مدى كفاءة تحليل نتائج الرقابة. ٥
- سرعة الإجراءات التصحيحية عند وجود إنحرافات سلبية. ٥

النتـائج ٩٠ نقطة

- مدى رضا الزبائن عن جـودة المنـتج مـن حيـث الأداء المتميـز، العمـر الإنتاجي، الأعطال الفنية. ٤٠
- مدى رضا الزبائن عن السعر. ٢٠
- مدى رضا الزبائن عن الخدمة ما بعد البيع. ١٥
- مدى سهولة حصول الزبون على المنتج. ٥
- مدى رضا الزبائن عن كفاءة التعامل مع مطالبهم وشكاواهم. ١٠

إنتهى بعون الله، وحمده، وفضله، ونعمته

المراجـع

المراجع العربية

١- أحمد محمد الشامي، إدارة الجودة الشاملة، مجلة الإداري، العدد (٧٦)، معهد الإدارة العامة، عُمان، ١٩٩٩,

٢- توفيق محمد عبد المحسن، إدارة الجودة الشاملة كمدخل لتحسين الاداء، دار النهضة العربية، القاهرة، ١٩٩٧,

٣- رولاند كوثمان، إدارة الجودة الهندسية الشاملة، ترجمة عادل بليل، المكتبة الأكاديمية، القاهرة، ١٩٩٤,

٤- سيد محمد الخولي، إدارة الجودة الكلية، المؤتمر السادس للتدريب والتنمية الادارية، الخبراء العرب في الهندسة والادارة، القاهرة، ١٩٩٣,

٥- ستيفن جورج، أرنولد ويمرز كيرتش، إدارة الجودة الشاملة، ترجمة حسين حسنين، دار البشير، عمان، ١٩٩٨,

٦- سعد غالب ياسين، الإدارة الاستراتيجية، دار اليازوري، عمان، ١٩٩٨,

٧- علي السلمي، تطوير أداء وتجديد المنظمات، دار قباء، القاهرة، ١٩٩٦,

٨- عادل الشيداوي، الدليل العلمي لتطبيق إدارة الجودة الشاملة، شعاع، القاهرة، ١٩٩٥,

٩- فيليب آنتكنسون، إدارة الجودة الشاملة، ترجمة عبد الفتاح سيد العناني، مركز الخبرات المهنية للادارة، القاهرة، ١٩٩٦.

١٠- فريد عبد الفتاح زين الدين، المنهج العلمي لتطبيق إدارة الجودة الشاملة، جامعـة الزقازيق، الزقازيق، ١٩٩٦،

١١- فاروق أحمد فرحات، جوهرية إدارة الجودة الشاملة، مكتبة جرير، الرياض، ١٩٩٦،

١٢- فوزي شعبان مدكور، إدارة جودة الانتاج، مركز جامعـة القاهرة للتعلـيم المفتـوح، القاهرة، ١٩٩٥،

١٣- محمد توفيق ماضي، إدارة الجودة الشاملة مـدخل النظـام المتكامـل، دار المعـارف، القاهرة، ١٩٩٥،

١٤- وفاء الزير، خطة عمل لتطبيق إدارة الجودة الشاملة: المفـاهيم، الأدوات، المحـاذير، المركز العربي للإدارة والتنمية، القاهرة، ١٩٩٨.

المراجع الانجليزية

1- Ashok Raco and Others, Total Quality Management : Across Functional Perspective, John Wiley and Sons, NewYork, 1996.

2- Armend V. Feigenbum, Total Quality Control, McGraw-Hill Book Co., NewYork, 1986.

3- Dale Berrie, Cary Coopes, Total Quality and human resourcess, an excentive guied, Oxford Blackweel, 1992.

4- David S., Goetsch, Stanley B. Davis, Introduction to Quality Management, Seconed Ed., Prentice Hall, New Jersey, 1997.

5- Davido W.H., Total Customers Service, Happer and Row, NewYork, 1989.

6- Dale Besrerfield, Total Quality Management, Englwood Cliff, Prentice Hall, NewYork, 1995.

7- Gregory M. Bannks and others, Management : a Total Quality Perspective, Cincinate, South Western College Publishing U.S.A., 1995.

8- Gorden E. Gaties, Total Quality Management a Total Quality approach, Cassel Wellington House, London, 1996.

9- Greg Bounds, Lyle Yorke, Mel Adams, Gipsie Ranney, Beyond Total Quality Management: Toward the Emerging Paradigm, McGraw-Hill Book Co. NewYork, 1994.

10- John Bicheno, Brain B.R. Elliotte, Operation Management: An Active Learning Approach, Blackwell Publisher Ltd, London, 1994.

11- Joseph R. Jablonski, Implementing Total Quality Management, Lough Borouga University, U.K. 1996.

12- John Bank, The Essence of Total Quality, Prentice-Hall, NewYork, 1992.

13- Michael E. Milkakovech, Total Quality Management in Public Sector, National Productivity Review, (Spring, 1991).

14- Philip Atkinson E., Creating Culture Change, The Key to Successful Total Quality Management, IFS Ltd U.K, 1990.

15- Willian J. Stevenson, Production Operations Management, 4th ed., Irwin, Boston, 1993.